书山有路勤为径,优质资源伴你行
注册世纪波学院会员,享精品图书增值服务

团 队 教 练

TEAMS UNLEASHED

How to Release
the Power and Human
Potential
of Work Teams

释放团队的力量和潜能

[美] 菲利普·桑达尔（Phillip Sandahl）
[美] 阿丽克西斯·菲利普斯（Alexis Phillips） 著

张真 冯军 陈莹 魏星 译
张珏 王兰兰 孙勇波 沈洁 审校

电子工业出版社
Publishing House of Electronics Industry
北京·BEIJING

Teams Unleashed: How to Release the Power and Human Potential of Work Teams by Phillip Sandahl, Alexis Phillips
ISBN: 9781529337044
Copyright © Phillip Sandahl, Alexis Phillips，2019
Simplified Chinese translation edition copyright © 2021 by Publishing House of Electronics Industry. All rights reserved.

本书简体中文字版经由 NB Limited 授权电子工业出版社独家出版发行。未经书面许可，不得以任何方式抄袭、复制或节录本书中的任何内容。

版权贸易合同登记号　图字：01-2020-2016

图书在版编目（CIP）数据

团队教练：释放团队的力量和潜能/（美）菲利普·桑达尔（Phillip Sandahl），（美）阿丽克西斯·菲利普斯（Alexis Phillips）著；张真等译. —北京：电子工业出版社，2021.9
书名原文：Teams Unleashed: How to Release the Power and Human Potential of Work Teams
ISBN 978-7-121-41693-4

Ⅰ. ①团… Ⅱ. ①菲… ②阿… ③张… Ⅲ. ①企业管理－组织管理学 Ⅳ. ①F272.9

中国版本图书馆 CIP 数据核字（2021）第 167878 号

责任编辑：吴亚芬
印　　刷：北京天宇星印刷厂
装　　订：北京天宇星印刷厂
出版发行：电子工业出版社
　　　　　北京市海淀区万寿路 173 信箱　邮编：100036
开　　本：720×1000　1/16　印张：13　字数：207 千字
版　　次：2021 年 9 月第 1 版
印　　次：2023 年 4 月第 3 次印刷
定　　价：68.00 元

凡所购买电子工业出版社图书有缺损问题，请向购买书店调换。若书店售缺，请与本社发行部联系，联系及邮购电话：（010）88254888，88258888。

质量投诉请发邮件至 zlts@phei.com.cn，盗版侵权举报请发邮件至 dbqq@phei.com.cn。
本书咨询联系方式：（010）88254199，sjb@phei.com.cn。

本书所获得的赞誉

很多团队都有提高团队绩效的动力,却缺少提高团队绩效的工具。在这本书中,桑达尔和菲利普斯为我们提供了一个清晰且实用的提高团队绩效的路线图。这本书通俗易懂,可使组织实现团队绩效并创建一种让团队成员真正参与的团队文化,对团队工作者或领导者来说,这本书是一个不可多得的宝贵资源。

——马歇尔·戈德史密斯
《纽约时报》畅销书作者

团队教练正在发展成为一门成熟的学科,需要经验丰富的实践者提供优秀的实用指南,而这本书恰恰能满足这方面的需要!

——大卫·克拉特巴克
《教练工作中的团队》作者

这本书无论对专业团队教练还是团队领导者来说都是一个宝贵的资源,它提供了非常实用的教练问题和教练框架,满足了在当今瞬息万变的环境下提高团队绩效的迫切需求。

——詹妮弗·J.布里顿
《从一到多:团队与小组教练的最佳实践和有效的虚拟对话》作者

迄今为止,在组织的各个层级中有太多的团队无法形成合力,表现不尽如人意。桑达尔和菲利普斯为团队和团队领导者提供了一整套方法和最佳实践案例,帮助团队释放潜能,化解冲突,迸发出更强的创造力。

——彼得·霍金斯教授
全球系统性团队教练思想领袖,《高绩效团队教练》和
《高绩效团队教练(实战篇)》作者

在当今世界不断变化和不确定性日益增加的背景下，学会更有效地协作变得至关重要。桑达尔和菲利普斯在这本书中所提供的方法非常有创新性，是经过实践检验的、切实可行的，对释放团队潜力具有巨大的影响。这本书非常精彩，无论从书中的内容还是提供的方法来看，这本书都是一个不可多得的佳作！

——凯伦·吉姆斯-霍斯，亨利·吉姆斯-霍斯
共创培训学院的联合创始人，《共创式教练》的合著者

这本书是团队领导者或支持者的必读之书。作者桑达尔和菲利普斯作为团队教练领域的权威人士，建立了一个简单且行之有效的框架，它将改变组织培养团队的视角和方法。本人作为一名负责全球业务的领导者，目睹并见证了这个框架在全球团队中的应用——非常成功。同时，这个框架的理念适用于各个国家及地区的文化。这本书不仅为团队提供了提高绩效的指南，更为人类更有效的合作描述了一幅美好的蓝图。

——马赫·艾哈迈德
Leading Life Sciences 公司全球人才招聘主管

打造高绩效团队对在当今 VUCA[①] 时代面临业务挑战的领导者来说至关重要。这本书提供了一个结构化的、行之有效的框架，它从个人和系统的角度着手解决团队的绩效问题。这本书不但有助于人力资源从业者和团队领导者打造新的团队优势，而且能为团队动力带来新的视角，并帮助团队明确实现成功的关键因素。同时，无论对初学者还是经验丰富的团队教练，这本书都是一个实用的学习指南，可以帮助他们发展更深层次的团队教练技能。

——解雪
拜耳（中国）有限公司人才发展专家

---

① VUCA是易变性（Volatility）、不确定性（Uncertainty）、复杂性（Complexity）、模糊性（Ambiguity）的英文首字母缩写。

这本书对渴望通过团队教练方式最大化团队绩效的从业者、团队领导者或团队成员来说是必不可少的指南。桑达尔和菲利普斯从他们与世界各地的团队的合作中获得了宝贵的见解和实用的指导方法，并将其用于解决团队的复杂问题。他们用清晰的、令人信服的语言和理论模型分享了自己的智慧和经验，从而使这本书既实用又有趣。

——亚历山大·凯立特
Corentus 团队教练管理咨询公司首席执行官

如今一个组织要生存下来（姑且先不提蓬勃发展），就必须努力地从以个人为中心转变为以团队为中心。这本书为团队、团队领导者和团队教练精心提供了一个蕴含深刻洞察和实用工具的宝库，帮助他们在这个充满挑战的旅程中获得累累硕果。

——克里斯特·罗威博士
Team Coaching Zone 创始人

桑达尔和菲利普斯为那些希望提高自己的团队工作技能的人提供了实用的智慧。在这本书中，他们分享了宝贵的见解和丰富的经验——从确定团队已经准备好接受教练，到创建支持性结构来增强团队实践，为团队教练如何帮助团队建立并保持长期出色的表现提供了一个实用的框架。

——鲁思·韦格曼博士
《高级领导团队》的合著者

如何持续打造高绩效团队是每个组织永恒的话题。作为人力资源业务合作伙伴，我们从未停止寻找更好的方法以支持业务领导者实现从优秀到卓越。这本书就团队教练如何释放团队潜能、使团队实现可持续的卓越结果提供了实用的指导。

——沈伟
阿姆斯壮世界工业（中国）有限公司亚太区人力资源负责人

表现出色的人都有各自独特的风格，他们并不一定能很好地协作。对团队领导者来说，将一群非常有想法的人转变为一个有凝聚力的高绩效团队是一项重大的挑战。这本书为团队领导者提供了一系列实用的工具，帮助他们将各种人才有效地聚集在一起。

——陈先法

阿姆斯壮世界工业（中国）有限公司北亚区总经理

译者序

"当人们记住我和爱，我就曾活过。"（When people remember me and love, I have lived.）这是菲利普·桑达尔在他 13 岁时写下的一句话，也成了他这一辈子的座右铭。

还记得在 2013 年初次和他合作的一个推广课上，老先生不紧不慢地讲着课，不咸不淡地和学员们互动着，这可把我和伙伴急坏了。要知道那时教练都是个新词，更别说团队教练了，如此"淡淡的"可如何赢得学员？于是乎，我和伙伴"热情四溢"地给添柴加料，硬是把一锅清汤煮成了"浓油搽酱"。有朋友善意提醒"用力过猛"。好尴尬。那时，我还不懂他的"淡淡的"是淡定、淡然，是云淡风轻，是清微淡远，是淡泊名利。

那时我也不懂他的"淡淡的"是经过了多少历练而来的。你能想象得到，年轻时的他是专业谱曲的吗？据说长发过肩的他，弹着吉他摇滚，拥有超棒的舞艺。他在一生中跑了 17 个全程马拉松，并有过让他激情四射的航海经历。对他来说，横渡过加勒比海，历经过黑夜的拷问和狂风暴雨的击打，还有什么放不下的呢？是生命吗？他还真受到过健康的挑战。就像挺过了在黑夜中的航海一样，他认定上帝又给了一次机会，他下定决心要给予他人和这个世界更多东西。据他的合作伙伴阿丽克西斯回忆，直到他去世前，还自责自己做得不够。

他的"淡淡的"也开始影响我们。他经常说的一句话是"All is well"。啥烦心的事儿，到他那儿好像都可以被接受。他是发自内心地看到别人的好。在他身上你可以看到他不只是写书的作家，还是一个真正的共创式教练。他给了我们特别大的信任和空间去尝试和创新，以他淡淡的方式。

他的"淡淡的"后面有着很强的使命，他要让更多的个人和团队活出他们的生命质量。在一次课上，他要求翻译和助教一起给工作团队取名字，经过一番商讨之后选定了蒲公英。70 多岁的老人和我们一起面对学员，认真地单膝跪地，一边比划着手里拿着的一株蒲公英，一边撅着嘴把它吹开，并说："We are the dandelion, we are here to serve you!"（"我们是蒲公英，我们在这儿为您服务。"）特别感恩菲利普，他把 TCI 团队教练的蒲公英的种子带到了中国，我们要继续带着老先生的使命把这株蒲公英吹开。

关于本书的英文书名，曾经问过老先生，为什么用 Unleashed（松绑）。他耐心地解释，leash 就好比我们遛狗时，用绳子牵住它，控制它去哪里。很多团队的领导者在带领团队的时候也是如此，用力地控制着团队，而我们要给团队松绑，释放出属于它的潜能，发掘它的可能性。这让我想到我们的客户，有的老总形象地描述："我在前面拉车，拉得很累，很辛苦……"有的老总说："虽然我不愿意承认，但现在真的不像以前，我没有办法给他们指出一个明确的方向，因为我也不能确定这方向是对的……"确实这是一个 VUCA 时代，况且复杂易变、不确定的状态还在不断升级。例如，在台风、洪水中遇到生命威胁的人，5 分钟前还是安然的；如果要加强内循环，那么稳定外循环的举措会怎样；总部或领导层的决策昨天还是往左，今天就需要往右了；芯片紧缺的情况下，今年可以给客户加价，可是明年怎么办……这样的例子举不胜举。从工作到生活，不需要我们的认同，我们已被抛进了 VUCA 2.0 时代。

如何在 VUCA 2.0 时代的大环境里把团队做强，释放团队的内在力量和潜能，老先生给了我们宝贵的《团队教练》这本书，它像一本宝典教科书一样，清晰易懂，而且最重要的是实用、接地气。在读本书的时候，你会感觉到他几乎是陪在你一旁，和盘托出为什么这么做的理论依据；手把手地教你，做什么、怎么做、要注意的地方是什么；用真实案例让你加深理解；用数据给你信心；用工具箱给你做装备。

本书中菲利普老先生清晰地介绍了团队教练的生产力和积极性模型，如果仅追求生产力，那会让团队的业绩不持久；如果仅关注积极性，那难以达成业务目标。唯有这两者兼而有之，且都健康发展的时候，团队才可能被"松绑"，内驱力才得以彰显，好比是打通了团队的"任督二脉"，其潜能才得以发挥，内在力量才得以绽放。在团队教练的模型中，积极性和生产力各有七个因素作为支撑，而这 14 个因素的极坐标图（也称为雷达图）就像团队的体检报告一样。如果你是 CEO 或 CHO，或是团队教练，那么通过这个体检报告，你会对你所服务的团队的"健康状况"一目了然，如哪个团队虽然业绩看上去不错，但你知道它已"声嘶力竭"——一言堂、甩锅文化盛行，信任缺失，疲惫不堪，很难保证它下一年有稳定表现；哪个团队战略清晰，不掩盖问题，虽然资源短缺，但团队充满创意，有能力把不可能的任务变为可能，能在 VUCA 的市场里脱颖而出。关于这 14 个团队成功因素，老先生更是一一详细揭示，并提供了一系列相关主题的强有力的问题给你作参考。老先生还阐明了团队教练的四大指导原则，他会把你带入实操，区分团队教练与个体教练、团体教练的区别，并教你如何一步一步地成为一个真正的团队教练。

此外，菲利普老先生提炼了五项团队教练的核心能力：系统觉察、调频、反思式观察者、积极临在和全情投入。每项核心能力下，他都会帮你理解为什么要用这项核心能力、什么情况下用、怎么用、观察重点是什么、教练技巧有哪些，让你全方位地从 Doing（教练）到 Being（教练状态）。如果掌握了这些核心能力，那你将成为一个立体的鲜活的团队教练。

相信你也会很喜欢书中的一些具体的团队案例、团队教练的工具包和不同测评工具的灵活组合运用。总之，有了本书这个团队教练的宝典，你做团队教练时可能遇到的困惑、问题和挑战基本都能找到答案。

在看到一个个团队蜕变的时候，在每一次组织团队教练认证课（CTPC^{TM}）为中国培养更多的团队教练的时候，对老先生的感恩由心而发，感恩他让我们做着有意义的工作，感觉自己是在很好地被使用，并可以见证团队的蜕变、爱的流动，以及最后的生产力和积极性的提高。

总之，在做团队教练的过程中有太多的感动时刻：当四世同堂（60后、70后、80后、90后）的团队，遇到言语不通、60后眼里噙着泪述说自己的感动时；当两个 40 好几的大男人拥抱着消除误会时；当伙伴们鼓足勇气说出心里话，或是挑战对方时；当团队携手回顾共同创造的新里程碑时；当他们彼此从彼此眼里看到 We（我们）时……

时光如影儿会退去，美好的体验会长留。生命如此宝贵，而我们在当下的大部分清醒的时间里是在工作中度过的，那么如果在工作中的生命质量提高了，无形中是否也就提高了我们的整体生命质量了呢？

All is well! 感谢菲利普和他的伙伴阿丽克西斯的心血！

感谢艾玛·斯图尔特（Emma Stewart），最早为我们牵线搭桥的"媒人"，让我们能认识这位活出爱与生命的菲利普；感谢早期一起使出浑身解数"用力"推广团队教练的张洁；感谢曾并肩作战引入并探索团队教练的伙伴刘欣；感谢一起"裹着尿布"上战场，实践团队教练并让它在中国生根、发芽、成长，并参与翻译的业务伙伴冯军；感谢其他参与翻译的伙伴魏星、陈莹、孙勇波、张珏、王兰兰、沈洁及 TI 启仕咨询的其他同事们；也感谢所有参与团队教练、为提高组织和个人的生命质量而贡献的伙伴们；特别感谢我们勇敢而真实的客户们！

愿你读了本书，也能种下蒲公英的种子。

错觉吗？感觉菲利普还在。

张　真
TI 启仕咨询创始人

前　言

  本书的目的是分享一个模型和方法，从而释放团队的力量和潜能。这种需求从未如此迫切。在当今世界，工作压力无处不在，工作环境不断变化，组织中的各级工作团队都承受着工作压力。在这个竞争日益激烈、要求越来越高和越来越不确定的世界，团队都在努力发挥他们的潜力。这是一个全球现象，影响各行各业各个层级的团队。我们的目标是提供一个框架和流程，以系统的方式持续地改变组织氛围，促进团队有效协作。我们相信，这项工作的关键是创造一个行动和学习的循环，使团队能够取得出色的绩效，并打造一种赋能的、可持续发展的文化。本书提供的各种工具和方法不是单纯的学术研究的结果，而是在我们多年的经验和对全球数千支团队的教练实践的基础之上取得的结果。

团队之间的差距

  我们的研究数据显示，只有不到10%的团队认为自己是高绩效团队，这意味着10个团队中有9个团队表现得不尽如人意。从某种程度上说，这并不奇怪。对团队来说，这是一个充满挑战的时代，压力无处不在，每个团队、组织都被迫用更少的资源做更多的事情。变化持续加速，沟通时间被压缩，期望却在不断地增加，这种紧迫感驱使团队以惊人的速度组建、运转和改革。

  很多组织已经明确地将团队改进视为提高生产力的一种手段，这就是团队教练的杠杆之所在。团队中的优势和经验的多样性意味着团队齐心协力可以完成个人单独行动无法做到的事情。今天的工作场所是一个嵌套了各种各样的团队的迷宫：完整的团队、跨职能的团队、网络团队、项目团队、敏捷团队、矩阵团队、跨文化团队和虚拟团队。很多团队表现不佳也在情理之中。事实上，根据盖洛普咨询公司最近的一项员工敬业度调查，85%的员工不够敬业或完全不敬业，这造成了全球约 7 万亿美元的生产力损失。单单财务方面的影响就应该引起每个组织的注意，而人力成本（压力、人员流失、冷漠的文化）更是无法估量的。

虽然强调团队的作用是正确的，但是我们不能想当然地认为团队成员天生知道如何协作。"我们都知道团队是什么。我们都在团队里待过。我做好我的工作，你做好你的，一切都会好起来。"然而，有效的协作不是个人努力的简单加总，即使个人的表现非常出色。我们都曾目睹或经历过个人绩效突出的团队成员在团队中却无法发挥作用的事例。

毋庸置疑，你一定见过或加入过一个优秀的团队，这样的团队是令人欢欣鼓舞的！可关键在于：无一例外，这样的团队几乎都是偶然创建的，是正确的时间、正确的人、正确的协作方式、正确的目标的结合。试想一下，既然它可以随机地发生，那么是否有一定的方法和规律使它重复发生呢？答案当然是肯定的，否则我们就没有必要写这本书了。确实有一套行之有效的、系统的方法可以实现以下目标：提高团队绩效、达成明确的业务结果、打造高度忠诚敬业的赋能型团队、释放团队的力量和潜能。

本书的内容

本书分为 3 部分。在第 1 部分中，我们首先在第 1 章介绍了优秀的团队都有哪些特质，哪些因素能使团队表现出色，以及团队效用模型是什么。我们所描述的团队效用模型有两个基本维度：团队完成工作所需的能力——生产力维度、团队协作的能力——积极性维度。

接下来，我们在第 2 章和第 3 章详细阐述了构成这两大维度的七个生产力因素和七个积极性因素，每个因素都发挥着独特的作用，不可或缺，它们一起为团队绩效做贡献。我们描述了每个因素在团队绩效方面的具体表现，并提供了建立高效团队的建议、技巧和练习。团队建设、团体引导、团体教练和团队教练是不同的，在第 4 章，你将了解到这四种团体工作方法的作用和效果。在第 5 章，我们描述了团队教练的三个阶段，以及个人教练与团队教练之间的重要区别。可以说，在推动变革的过程中，教练这种方式无疑是打造团队新优势的理想之选。

在第 2 部分，我们描述了与团队有效合作的五项核心能力，以及将它们结合起来作用于团队的一系列方法，并介绍了与这五项核心能力的每个技能相关的团队教练技巧，这些技巧是我们从一系列教练技巧中甄选出来的，并且已经被应用到团队中。当然，我们还提供了一些团队教练的专项技巧。可想而知，个人教练和团队教练之间的一个根本区别就是，团队教练是在多个层面同时处理多件事情，而且这些事情是突然发生的，并不断变化。这些技巧和能力是我们在多年的全球团队教练项目和团队教练培训工作中提炼、打磨和总结而成的。

第 3 部分整理了一些与有效的团队教练过程和方法相关的重要考虑事项。例如：

- 适合团队教练的最佳候选团队。
- 教练虚拟团队。
- 近距离观察团队领导者的特殊角色。
- 团队与各利益相关方群体间经常被忽视的重要关系。

最后，本书以如何看待团队使命和愿景收尾，其中包括释放团队潜能的重大意义，而不仅仅是对业务结果的明显好处。

本书的阅读对象

这是一本专门写给团队工作者的书，可供那些寻求实用且可复制的方式、方法以支持团队持续提高绩效的众多专业人士参考。事实上，很多人在工作中都扮演着团队教练的角色，尽管他们有不同的职能背景，包括团队教练、企业高管、商业和领导力教练、组织顾问、人力资源业务合作伙伴、组织发展专家、引导师、学习与发展专家，以及团队建设从业者等。基本上所有与小组和团队一起工作的专业人士都将从本书中受益。应当说，本书的受众群体非常广泛。因篇幅有限，为简单起见，本书使用团队教练一词来指代所有与团队一起工作以提高团队绩效的人。

这也是一本写给团队领导者和团队成员的书，帮助他们学习如何支持一个团队释放其潜力。在我们的模型中，这意味着一个团队在生产力和积极性两个维度上都有所提高，并在所有 14 个团队绩效指标上都发展出优势。

总　　结

如前所述，当今组织的压力在于用更少的资源做更多的事，并且做得更快。对员工、管理者和领导者而言，这种压力已是常态，且遍及全球。人们一直在不懈地寻找提高生产力和竞争力的最佳途径。面对这一挑战，越来越多的组织将团队作为推动业务结果的引擎。团队是应对这一挑战的理想资源，原因在于团队拥有多种优势互补的特性，以及实现共同使命和愿景的强大凝聚力。

应对商业挑战的关键是，团队要学会如何在这个互联互通的世界中有效地工作。我们已经看到了一些令人振奋的结果。我们看到团队设定并实现了，甚至超越了他们最具挑战性的目标！同样重要的是，我们看到团队正在改变他们在工作中的生命质量。这就是我们致力于团队教练工作和出版本书的初衷。

我们需要一套清晰、实用、可复制的建立高效团队的方法，随机撞大运的方法只有 1/10 的成功率，且没有可持续性。一位智者曾经说道："偶然的成功绝非可行的商业策略。"我们相信每个团队都有成为优秀团队的潜力。在本书中，我们提供了一套行之有效的方法，可以释放团队的潜能。

目 录

第1部分 如何持续建立高绩效团队 / 1

 第1章 优秀团队的模型 / 3

 第2章 七个生产力因素 / 16

 第3章 七个积极性因素 / 33

 第4章 团队教练的基础 / 57

 第5章 创建模型——团队教练在行动 / 72

第2部分 与团队有效合作的五项核心能力 / 89

 第6章 从这里开始：团队是一个鲜活的系统 / 91

 团队教练核心能力一：系统觉察 / 91

 第7章 现在开始调频 / 104

 团队教练核心能力二：调频——重新校准 / 104

 第8章 做一个观察者 / 118

 团队教练核心能力三：反思式观察者——精湛的镜子 / 118

 第9章 意识敏捷性 / 131

 团队教练核心能力四：积极临在——伴着音乐起舞 / 131

 第10章 为了谁的利益 / 142

 团队教练核心能力五：全情投入——站在火中 / 142

第3部分 重要的问题 / 157

 第11章 特别注意事项 / 159

第 12 章　团队教练的价值　/　172
附录 A　TCI 团队诊断™测评工具　/　174
附录 B　团队教练工具包　/　181
附录 C　TCI 四种综合测评工具　/　184

关于作者　/　187

关于本书译者和审校者　/　188

与本书相关的 CTPC™团队教练认证项目
——助力个人成为 ICF 认可的国际水准的专业团队教练　/　190

第1部分

如何持续建立高绩效团队

十多年的团队测评数据结果告诉我们两件事——这两件事情息息相关,缺一不可。

第一,正如我们在前言中所讲的,只有不到10%的团队认为自己是高绩效团队。另外,麦肯锡公司针对高管进行的一项调查显示,只有20%的高管认为他们所在的团队是高绩效团队。以上任意一个数据都给我们敲响了警钟,并促使我们有所行动。

第二,即使没有对团队进行任何形式的培训或发展,仍然有1/10的团队认为自己是高绩效团队。如果有1/10的团队不需要任何帮助就能实现卓越的绩效,试想如果我们能够找出让团队变得高效的因素,那会产生多少可能性啊!这为我们把高绩效团队的成功经验和方法复制给其他团队奠定了基础。这也是本书前5章的重点。

在本部分,我们首先从高绩效团队的基本特质开始讲述,并以此构建优秀团队的团队效用模型。依据该模型,任何团队都可以开启自己的优秀团队之旅。你将看到这些基本特质都落在两个主要维度上:团队完成工作的能力——生产力维度、团队协作的能力——积极性维度。

拥有一个可行的模型是一个良好的开始,但当我们想要的结果是一个能帮助任何团队更有效地工作的流程时,仅有一个模型是不够的。如果我们的目标是成长和发展,就像学习任何新技能一样,需要的不仅是阅读一本书,参加一场研讨会,或者进行一次积极的对话(对团队而言)。改变——真正的改变,需要不断地实践新的行为。而教练的方法能最好地实现这一目的。实际上,教练模型不仅提供了如何实践新的互动方式的结构，还能让团队对新的行为负责，以确保将这些改变融入团队工作中。

在本部分，我们将逐一研究构成生产力和积极性维度的 14 个因素。在此基础之上，我们将向团队教练或团队领导者展示如何以互动参与的方式在团队中探讨这些因素。随后，我们将讲述团队教练流程及其与其他教练模式的区别，特别是与个人教练的区别。最后，我们将提出团队教练的四大指导原则。

教练过程的起点就像团队在地图上钉上一枚大头针，然后说："嗯，我们现在在这里。"清晰的目标自然会将对话引向"我们要去哪里"和"我们怎么去"。教练模型就像一个指南针，为团队的成长之旅指明了方向，教练方法则提供了朝着正确的方向前进的手段和工具。

第1章
优秀团队的模型

一个最为关键的问题：是什么让团队变得优秀？

倘若我们知道这个问题的答案，那么我们在帮助团队更有效地合作方面就能做得更好。这是一个已被广泛研究的课题，因此有大量研究成果可以使用。现在，还有一种更简单的方法可以直抵问题的核心，无须深入研究那些已经发表的研究成果。为了简单起见，请结合你自己的过往经验来做下面这个练习。

花点时间回想一下你曾经加入的那些非常出色的团队，选出其中一个。它可以是一个工作团队，也可以是一个运动团队；可以是一个戏剧团队，也可以是一支乐队；可以是你目前所在的团队、最近所在的团队、几年前所在的团队。无论什么团队，它一定是一个让你印象深刻的团队、一个优秀的团队。

重温一下与这个团队在一起的日子。当时你与谁在一起？你们取得了什么成就？你们又克服了哪些困难？回想一个你与团队在一起的特殊时刻，你的感受是什么？细细品味。

我们已经和数百个团队做了这个练习。他们的叙述令人振奋，一个又一个故事——发生在不同的团队里、不一样的环境下，但这些记忆所产生的能量都是鼓舞人心的：一个学校运动队，队员们资质平平，但他们凭着自己的坚毅和勇气，齐心协力，赢得了冠军；一个新的团队，面对几乎不可能实现的项目期限和有限的资源，他们齐心协力——加班、熬夜、点外卖，但最后他们记得最多的只有欢笑声。有时，即使团队已经解散很久，这些经历依然在人们的生活中散发着意想不到的魔力。

在每段回忆中，你都能感受到团队的独特精神。这些故事令我们想起人们对彼此的承诺，以及对团队目标或使命的承诺。从故事讲述者的表情上可以看出来，那是一种强烈的感受："我们在一起共同经历过。"所以，那些在你的记忆中脱颖而出的团队，是真正充满活力、全身心投入、被共同的使命和精神激励的团队。

你知道这样的团队是切实存在的。只要你参加过"最佳团队"的练习，你就会意识到你曾经在这样的团队中工作。

现在，问自己一个问题：是哪些特质让这个团队成为一个优秀的团队？是什么让这个团队不同于你曾经加入的其他团队？以下是我们经常从团队成员那里听到的一些特质：

- 角色清晰。每个人都知道自己的工作职责。
- 支持。我支持你，你也支持我。
- 目标明确。
- 有乐趣——尽管也有压力。
- 不同的个性、技能和经验，使我们拥有一个很棒的组合。
- 每个人都很负责。
- 相互尊重。
- 我们并不总是意见一致，有时甚至闹得很僵——那也没关系。我们最终总能解决问题。
- 关心。大家既关心工作，也关心彼此。
- 即使情况看起来很糟糕，我们也知道我们可以做到。
- 我们勇往直前，势不可挡。没有人认为我们能做到，但我们做到了。

根据你自己在团队中的经历，你会添加哪些优秀团队的特质到上述列表中呢？研究列表之后，你就会发现，可以将这些特质分为两个维度：生产力维度和积极性维度。

生产力维度

我们从一个基本前提开始：团队的存在是为了产出结果。这是我们所有观点的基础。除此之外，组织没有其他理由组建团队。面对这一前提，我们不禁会问："团队要取得结果、完成工作、提高生产力的必要条件是什么？"

从"最佳团队"的特质列表中一定可以发现一些属于生产力维度的特质。从列表中的众多选项中，我们选择了七个对团队至关重要的、使团队更高效的特质，这七个关键特质同样得到了研究成果的佐证，它们属于**生产力优势因素**。在第 2 章，我们将逐一详细介绍这些因素，以及它们如何在团队中表现出优势。我们还将就如何提高这七个因素介绍相应的活动。

七个生产力优势因素

团队领导力

团队领导者的角色是明确的，为整个团队提供支持。团队的领导力意识很强，当有需要时，团队成员会挺身而出，展现出领导力，而这种领导力也会得到授权。从某种意义上说，团队中的每个人都承担领导责任。

资　　源

这里说的不是资源数量的多少。迄今为止，我们从未遇到过一个团队回答说："资源？哦，我们有很多，谢谢。"这里讲的是有效管理团队所拥有资源的能力，其内涵广泛，包含物资、技能、培训、时间、团队能力和人力资本等。

决策力

团队拥有清晰、高效的决策流程，并善于根据不同的情况进行灵活调整。优秀的决策力包括及时、有效地做出决策，以及能从所做的决策中有所学习和提高。

积极变革

一个积极变革的团队的典型特征是积极主动，勇于迎接挑战。有些团队只满足于"足够好"。正如吉姆·柯林斯（Jim Collins）在他的《从优秀到卓越》（*Good to Great*）一书中指出的那样，如今"足够好"已不再是足够好了。积极变革的团队拥有积极的创造力和变革能力，拥抱变化。

责任承担

当我们从团队的视角审视责任感时，它是指超越个人层面的责任感。在高绩效团队中，团队成员彼此承诺，彼此支持，以达成更高的团队标准。

目标与战略

团队制定了具有挑战性的目标，目标和结果都很明确，并强化了战略愿景。

一致性

团队有共同的使命和目标。团队重视合作、凝聚力和相互依存。团队成员朝着同一目标共同努力。

这七个生产力优势因素就像人体七块不同的肌肉，各尽其责。它们都是不可或缺的，共同支撑着团队作为一个整体发挥作用。有些团队在这七个方面均表现优秀，我们称其为"高生产力团队"；有些则稍显逊色。需要注意的是，虽然每个团队成员在各个因素上的表现各有千秋，但我们的主要关注点是团队作为一个整体如何发挥作用。

当把这七个特质结合在一起时，就界定了团队的生产能力，其中"能力"一词是关键。在这七个方面得分高的团队，并不意味着该团队的实际业务结果就一定很出色，而是指该团队具有取得高生产力的能力。

积极性维度

团队文化对团队成员的协作能力影响很大。积极性维度代表了团队的关系基础架构，相关的特质构成了团队的工作环境。一个团队的文化既可以极大地给人赋能，提供有力的支持，也可以像毒霾一样，严重破坏团队的协作能力。你可以从自己的团队经验中体会这一点。团队士气和流行的团队态度——无论是阳光明媚、一帆风顺，还是小心翼翼地越过潜在的雷区——都会影响整个团队及每个团队成员的绩效水平。

这就是团队的体验。它就像空气，人们看不见它，又离不开它。它既可以使人精力充沛，也可以使人萎靡不振。在意识到团队文化强大的影响力后，人们不禁会问：团队成员有效协作的必要条件是什么呢？积极性维度着眼于团队成员如何相互关联——团队如何创建一个支持性的、高绩效的环境。由明星员工组成的团队无法拧成一股绳的现象比比皆是，他们在合作中错失的恰恰就是该维度中的那些关键特质。

这些特质构成了第二个维度，我们称之为**积极性优势因素**。"积极"一词来源于丹尼尔·戈尔曼多年前对情商的研究。对团队来说，这个词有时需要澄清一下。当我们提到构成积极性因素的七个特质时，经常会看到团队成员们脸上露出复杂的笑容，貌似在回答："哦，是的，对。从此以后我们就是个'快乐'的团队。祝我们好运吧。"

当然，积极性因素并不一定意味着"快乐"，尽管它可以包含快乐、有趣的成分。当发现团队对这个词有抵触情绪时，我们告诉团队，他们可以将其替换成"投入"一词来描述优秀团队文化的特质。因此，我们可以换一个角度就积极性因素提出这个问题：要让一个团队完全投入其中，需要具备哪些特质呢？我们与一些完全"投入"的团队合作过，但是他们当时的表现可不像在参加派对。你可能也有类似的经历。

在第3章，我们将逐一介绍每个积极性优势因素，以及帮助团队加强这七个优势因素的相应活动。现在先概述一下。

七个积极性优势因素

信　　任

团队成员会说："我们可以坦诚相待，不用担心被报复。即使谈话充满挑战，团队仍感到很安全。我们可以互相信赖。"

尊　　重

工作氛围是相互尊重的，团队成员积极正向地看待彼此。尊重是连接团队成员共同价值观的重要纽带。

同事情谊

此处的同事情谊是指团队的社交层面。团队成员有一种强烈的归属感，这种归属感会增强团队的身份意识和认同感。"这就是我们，我们在一起。"这是一种相互支持的特质。"我支持你，你也支持我。"

有效沟通

团队重视并践行清晰有效的沟通。要让沟通成为团队的一种优势，它既要保证信息能够被清晰地传达，也要注意沟通过程中所产生的影响。有效沟通强调的不只是有效率地传递或更多地传递信息，而是一个双向循环，包括传递信息和接收信息。凡是优秀的团队都具有出色的倾听能力。

建设性互动

团队成员明白，他们可以为了团队的重要事情而提出不同意见。团队成员会说："我们知道如何解决问题。即使讨论非常激烈，我们也只关注问题本身，而不是人，即对事不对人。"在最佳团队中，健康的冲突是具有建设性的，它蕴含着新思维和新举措的种子。

价值多元

重视多元化的团队会认可和赞赏差异带来的价值优势。每个团队成员都有独特的天赋、经验、视角、专业能力，以及不同的个人风格和优势，这使团队能比个人完成更多的事情。

乐　观

团队具有前瞻性，团队成员彼此欣赏。即使在最黑暗的日子里，团队成员也相信"我们可以做到"。

如果把优秀团队的模型比作罗盘，那么上述 14 个因素就是罗盘上的指针，为团队提供方向，让团队更好地协作、共达使命。这些因素涵盖了团队日常讨论的方方面面，如事情进展如何、什么有效、什么无效等问题。生产力和积极性两个维度创造了一种动态平衡，可以帮助团队了解目前所处的位置，创造团队对话的机会，促使团队讨论想要改善的关注点。

生产力和积极性的交集

可以用图形表达生产力和积极性这两个核心维度的交集，如图 1-1 所示。为此，我们用横轴表示生产力维度。高生产力的团队位于该轴的右侧；低生产力的团队位于该轴的左侧。我们用纵横表示积极性维度，高积极性的团队位于该轴的上半部分，低积极性的团队位于该轴的下半部分。两个轴形成一个四象限矩阵。

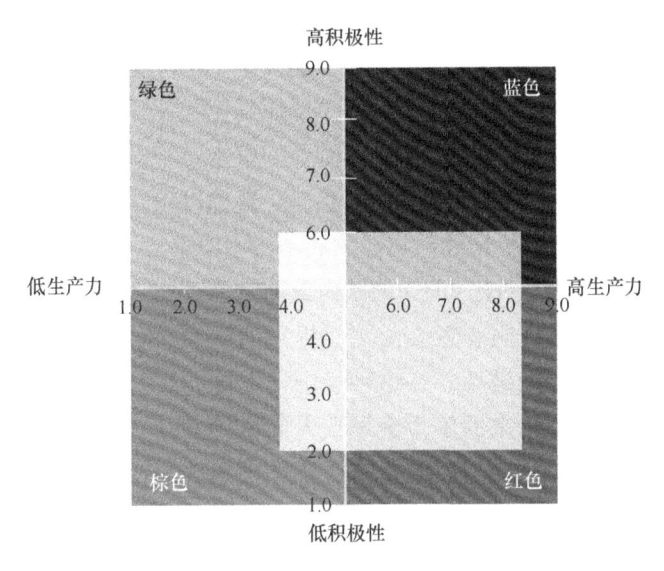

图 1-1　生产力和积极性的交集

团队的理想位置是在矩阵的右上角，表示该团队在生产力和积极性之间取得了完美的平衡。除此之外，该矩阵图还展示了团队对成功的渴望，揭示了团队文化蕴含的内在力量，以及这种文化对团队协作方式、团队价值观及成功或失败的评价标准的影响。

高生产力-低积极性象限

首先从图 1-1 中右下角的高生产力和低积极性象限开始。这是一个"红色"象限，通常是组织最重视的领域。相关激励措施都是围绕不惜一切代价（甚至是牺牲巨大的人力成本）取得所谓的"成果"而设计的，只追求把工作完成。你可能曾经有类似的体验。

在这里，人们会为了达成个人绩效目标而牺牲人际关系，"我完成了我的工作，我希望你也完成了你的工作"。工作职能是唯一的关系基础。例如，在一个跨职能的团队中，制造部的团队成员将市场部的团队成员视为一个工作角色，而不是鲜活的人，有时甚至将其视为抢夺资源的竞争对手。"部门墙"问题严重。

团队以结果为导向，经常表现出很强的自豪感和活力。团队取得结果的能力是第一位的，是被鼓励和奖赏的。这个导向自然也有其负面影响，因此这个象限的颜色是红色的。红色代表压力和压力所积蓄的热量，也代表必须扑灭的突然燃起的大火，还代表筋疲力尽和拉响的警报。

在"唯我独尊"的世界，个体通常更关注自己，而非团队的成功。有时他们根本不了解自身行为所产生的影响，甚至会选择以牺牲他人为代价来确保自己的成功。在实现绩效目标的重重压力下，团队内部的竞争可能导致团队成员恣意妄为，对提高团队绩效带来严重的破坏。在这种氛围下，以结果为导向所带来的压力会导致人们牺牲质量和客户关系，甚至有违反道德准则的现象。虽然我们都认为取得成果是至关重要的，但在这样的环境中，成果根本无法实现可持续性。

值得注意的是，在特殊情况下，对高生产力的关注是正常且必要的。例如，竞争对手突然推出一项新产品或新服务，你所在的团队或组织措手不及，需要仓促应战。但这并不意味着团队有放弃积极性因素的理由，事实恰恰相反，一个重大的挑战也是一个让团队团结起来，在生产力和积极性两者之间取得最佳平衡的良好契机。

> 有一次，一个团队的销售总监邀请我们与其团队合作，这让该团队的成员感到很惊讶。他们说："这是怎么回事儿？我们的销售数字是达标的啊。"没错，该团队的销售业绩创历史新高，市场份额也在稳定地增长，但员工离职率也创历史新高，员工敬业度是历史上最低的，这个团队为成功付出了沉重的代价。新员工的轮番更替和老员工的疲惫不堪，意味着团队需要不断与客户重新建立关系，还要费时费力地对新员工进行培训，以及面临完成业绩指标的巨大压力。这些虽然不是显性成本，却也是真实存在的。

高积极性-低生产力象限

高积极性-低生产力的团队氛围很好，大家就如何保持这种氛围很有默契。对于不同意见，大家会尽可能地回避，如果实在无法回避，则以谨小慎微的方式来处理，通常即使花很长时间也不会有什么真正的结果。在高积极性-低生产力的团队中，大家倾向于集体决策，即使这不是最有效的方法，甚至没有这个必要。

该类型的团队对彼此倾听、认可、尊重和包容非常关注，通常对情绪非常敏感。在会议中，你可能经常会听到"你对此感觉如何"而不是"你怎么看"等类似的说法。

在高积极性-低生产力的团队中，相比于结果，团队成员更关注过程，如何解决问题比及时产出结果更重要。该类型的团队通常缺乏紧迫感，保持平稳是头等大事，冒险尝试是很大的忌讳，因为它可能打破平衡和引发冲突。团队成员通常认为生产力低下是外部原因所致，是团队无法控制的、无能为力的。

有时，由于团队生命周期的原因，团队可能会进入这个象限。例如，一个努力工作并取得重大成功后的团队可能想休息一下，保持"定速巡航"，以享受成功带来的安逸，这是人之常情。但如果这并不是一次短暂的"按下暂停键"，这个团队一定会出问题，因为这种状态是不可持续的。肯定会有人注意到团队没有取得成果。时间一长，那些重视结果并以成就为傲的人一定会感受到压力。如果将高积极性-低生产力作为团队的文化，它会阻碍团队成为一个高绩效团队。

低生产力-低积极性象限

身处这个象限的团队既缺乏动力，也缺少情感连接。团队成员感到停滞和孤立，整个团队中弥漫着一种悲观无助的氛围。当我们与该象限中的人对话时，我们听到的是："无药可救了。""这有什么意义？""我想隐身，最好没人注意到我。"有时听到的是："我是这里唯一一个努力干活的人。"

团队成员的反应是忧郁、愤怒和沮丧的，这一象限是"棕色"的：色彩暗沉，褐中带灰，毫无生气，平淡无奇。然而，团队的情绪是会传染的，就像重感冒一样，它会四处传播，直到每个人都被传染。回想你在低生产力-低积极性的团队中工作时的情形，那段时间你肯定在家里也提不起精神。

在这种"双低"团队中，人们几乎没有改变的愿望，与其改变，倒不如维持现状，这样就不用面临更大的风险和痛苦，这基本上是"破罐子破摔"式的想法。作为鼓励变革的教练，你可能会被这种团队视为敌人，因为你打破了他们的现状，扰乱了他们看似平静的生活。

久而久之，在这个象限中的团队会变得越来越无能为力。现状无法改变，从而引发了一系列如防御和指责等问题，加剧破坏团队的氛围。团队成员对生活和工作感到绝望和无助，并认为自己对此完全无能为力。这些团队不需要打气加油，需要的是尽快找到出路，摆脱困境。

高生产力-高积极性象限

毫无疑问，本章开篇所谈到的你记忆中的那个团队就属于高生产力-高积极性团队，即使没有获得冠军或打破销售纪录，它也称得上一个优秀的团队。这个象限的团队取得了巨大的成就，但最令团队成员记忆犹新的是他们在一起工作时的状态。

- 在团队里，人们可以感受到全力的支持。
- 团队允许有不同的意见。
- 团队敢于迎接挑战。
- 团队非常欣赏多样性。
- 团队成员可以在没有评判的氛围中寻求帮助。

这种"双高"团队在工作中并不总是一帆风顺，却意义非凡，令人难以忘怀。高绩效团队总是持续地为实现更高和更好的目标而努力，这一象限的团队有很多值得庆祝的事情。

如果你所在团队属于仅占所有团队数量10%的"双高"团队，那么恭喜你！"双高"团队为数不多，值得特别关注！那么问题来了：你的团队是怎么做到的？接下来会发生什么？

需要关注的是，有时高绩效团队会过于保护自己所取得的成就，具体可能表现为团队成员有一种"我们已经够好了"的想法，自满现象慢慢滋生，团队可能会容忍之前无法容忍的事情。例如，"双高"团队所拥有的几个关键能力是勇于尝试、直言不讳和彼此承担责任，取得一定的成就之后，团队可能会开始降低对自身的要求，不再坚持那些使其成为高绩效团队的标准。此外，融合新的团队成员也可能是一个挑战，团队中可能会有一段微妙的评估期或欺生现象，以确保这个新团队成员符合团队标准。

目标：动态平衡

生产力和积极性矩阵是了解团队文化如何影响团队成果的一个窗口，是识别生产力和积极性这四种组合的影响力的简单而有说服力的方法。一一般来说，在团队教练开始之初，团队很难完全落在其中某个象限，一般都在生产力和积极性上处于某个范围之内。例如，在生产力维度，团队在积极进取、积极行动方面可能很强大，但在做出好的决策方面并不那么强大。在积极性维度也是如此，团队可能会表现出尊重，但可能沟通不畅。具体的结果取决于团队的文化和特征。

虽然每个团队的特点不尽相同，但组织文化对团队产生的影响是一致的。一个高度重视收益的组织一定会培养出具有相同特质的团队，并在矩阵中得以呈现，这是组织导向所致的。团队成员对团队的特质、个性和团队工作的优先级有影响，尤其会对哪些是被赞赏的、哪些是不被鼓励的产生影响。当新人加入团队后，同样会对团队的能力和技能组合搭配带来影响，并为团队带来新的视角和观点。团队负责人通过设立和强调优先级，同样也会对团队产生重大影响。以上这些因素都会以不同的方式塑造团队文化和团队交付成果的能力，在团队的"画像"上随意添上一笔，团队就会呈现出不同的特点，如图1-2所示。

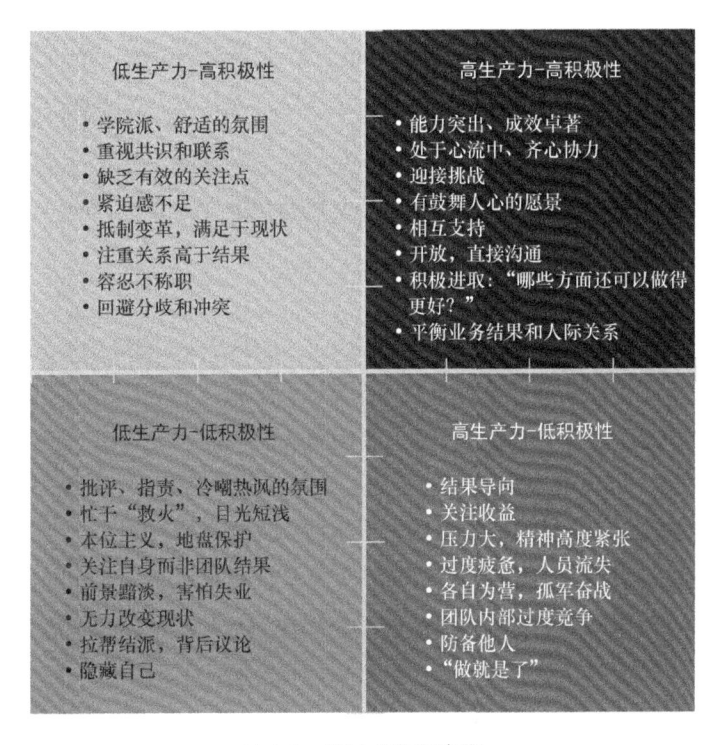

低生产力-高积极性	高生产力-高积极性
• 学院派、舒适的氛围 • 重视共识和联系 • 缺乏有效的关注点 • 紧迫感不足 • 抵制变革，满足于现状 • 注重关系高于结果 • 容忍不称职 • 回避分歧和冲突	• 能力突出、成效卓著 • 处于心流中、齐心协力 • 迎接挑战 • 有鼓舞人心的愿景 • 相互支持 • 开放，直接沟通 • 积极进取："哪些方面还可以做得更好？" • 平衡业务结果和人际关系
低生产力-低积极性	高生产力-低积极性
• 批评、指责、冷嘲热讽的氛围 • 忙于"救火"，目光短浅 • 本位主义，地盘保护 • 关注自身而非团队结果 • 前景黯淡，害怕失业 • 无力改变现状 • 拉帮结派，背后议论 • 隐藏自己	• 结果导向 • 关注收益 • 压力大，精神高度紧张 • 过度疲惫，人员流失 • 各自为营，孤军奋战 • 团队内部过度竞争 • 防备他人 • "做就是了"

图1-2 团队文化四象限

如图 1-3 所示为 2008—2017 年 3 000 多个团队在 14 个因素上的平均得分，该数据来自国际团队教练学院（Team Coaching International，TCI）团队诊断™数据库。在第 2 章和第 3 章，我们将对高绩效团队和低绩效团队进行更详细的比较。从这张简单的图中可以看到，团队有很大的改进空间，从而在重要的措施方面对组织产生影响，为组织创造价值。

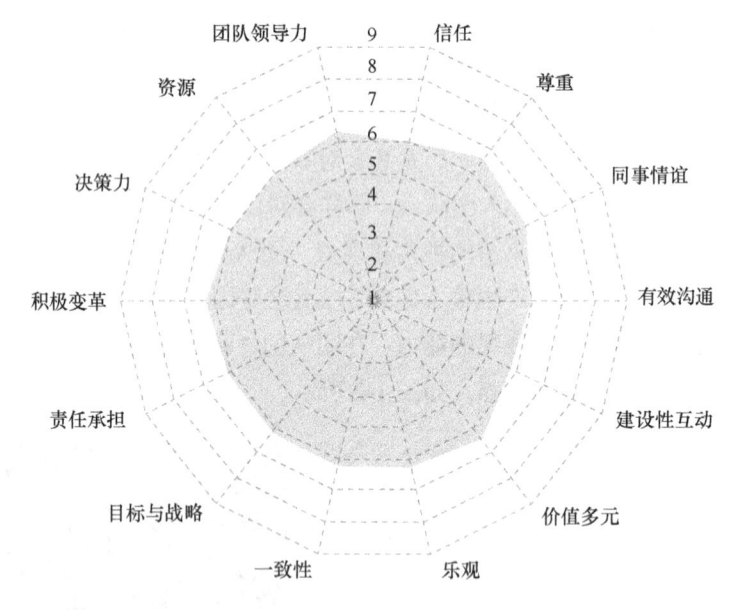

图 1-3　3 000 多个团队在 14 个因素上的平均得分（2008—2017 年）

总　　结

我们在本章一开始就提出了一个问题：高绩效团队在哪些方面比其他团队做得更好？我们研究了最佳团队的特质，这些特质使优秀的团队脱颖而出。这个基本问题的答案是，高绩效团队在生产力和积极性两大维度上表现都很出色，在所有 14 个因素上均表现优异。

本章对高绩效团队的描述听起来很耳熟，这与你的经验和观察是一致的。这些描述都是人们在"最佳团队"中工作时的真实表现。我们所做的是将这些表现整合为一个简单明了的模型，供团队、团队教练和团队领导者参考。

团队效用模型中所涉及的生产力和积极性两大维度中的 14 个因素，将成为接下来两章的重点。我们的目的是在团队行为中理解这些共同的特质。最终，这些特质在团队成员之间的日常互动中的表现，决定了它们在团队绩效中的相对优势或劣势。清楚地理解这些因素的含义是团队教练的起点。

适合团队教练的练习

- 回想一下你合作过或加入过的团队，从中挑选一个成功的团队。关注该团队的氛围，记录下该团队所处环境的特征及其所产生的能量，试着寻找能唤起这种经历的团队画像。团队的"呼吸"状态是什么样的？是轻松自如的，还是急促的？是紧绷的，还是舒畅的？
- 然后选择一个截然相反的团队，问自己同样的问题。这两个例子为我们了解这些团队的文化提供了线索，我们能从中获知团队的诉求和期待，以及团队制约下的团队状况。这些"症状"实际上就是团队的"生命体征"，为我们提供了有关团队健康状况的信息。

适合团队领导者的练习

- 花点时间回忆一下你在优秀团队中的个人经历，这个团队可以是在你一生中任何时候出现的任何类型的团队。这些团队最突出的特质是什么？用什么词可以描述这些优秀团队的态度？它们有哪些突出的优势？它们在压力或失败情形下的表现如何？你希望把这些优秀团队的哪个特质植入到每个团队中去，尤其是你目前管理的团队？
- 对于有协作障碍或表现不好的团队，问题究竟出在哪里？将原因归咎于某些特定的团队成员是很容易的，并且在某种程度上可能也是正确的。但是，除了个体的个性，当存在（或缺失）什么样的团队行为时会破坏团队的成功呢？

第 2 章
七个生产力因素

在第 1 章,我们提出了一个果断的、显而易见的观点:"团队的存在是为了产出结果。"可以说,几乎所有的团队和组织都认同这一点。但是,在确定这一点之后,还有很多工作要做,因此下一个显而易见的问题是:团队生产力的关键贡献者,即获得结果所需的条件是什么?这就是本章的内容。在本章中,我们将:

- 对第 1 章简要介绍的七个因素分别进行更深入的描述。
- 研究每个因素影响团队生产力的方式。
- 为你和你的团队如何看待这七个因素提供建议。

生产力维度包括对完成团队工作至关重要的团队优势。团队优势能让人们强烈地感觉到"这就是我们所做的"。相关的表述有"我们设定了目标""我们做出了决定""我们互相承担责任""我们采取了主动"。尽管这里的"我们"是指团队,但在这些表达中,你可以强烈地意识到个人的作用、贡献和责任感。

当我们把注意力开始集中在团队改进的需求上时,这七个因素将引起大多数人的关注,因为它们很容易被看到。忽视这些因素将对团队造成很大的影响,并且团队和团队成员都知道如何改进这些因素。这七个因素对团队来说意义重大,它们被认为是团队完成工作的关键。它们一直是大量培训投资的主题,并且通常是绩效管理评估的内容。它们被称为提高团队绩效

> **七个生产力因素**
> - 团队领导力
> - 资源
> - 决策力
> - 积极变革
> - 责任承担
> - 目标与战略
> - 一致性

所必需的"硬核"技能，尤其是与积极性维度中的所谓"软"技能相比。

在本章和第 3 章，我们将研究 14 个团队绩效指标（Team Performance Indicator，TPI）中的每一个及其对团队绩效的贡献。14 个 TPI 如图 2-1 所示，本书对这些指标的描述顺序并不代表它们的重要性或优先级。这 14 个 TPI 都与团队有关，它们构成了潜在的团队优势。

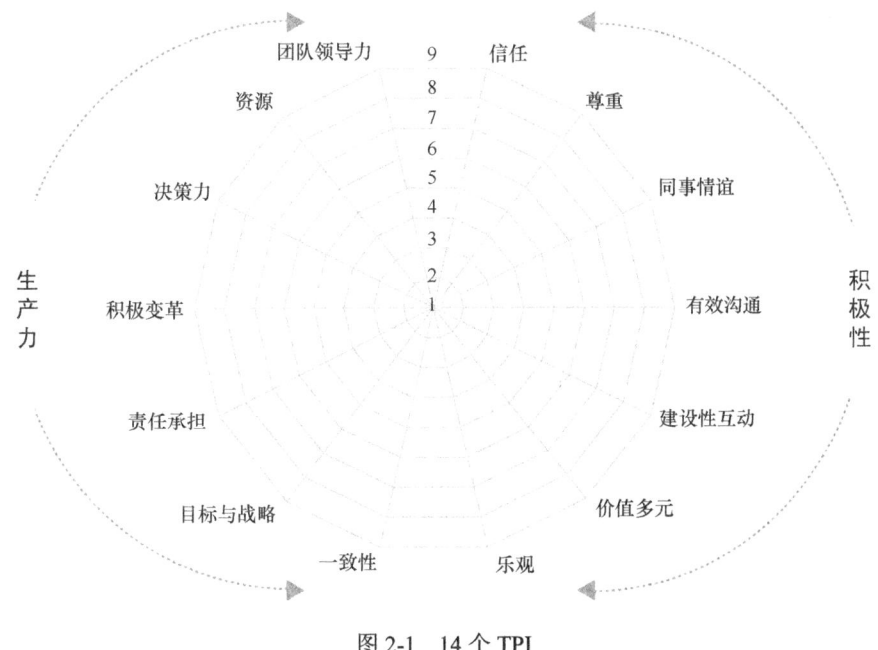

图 2-1 14 个 TPI

我们通过查看七个生产力 TPI 开始探索。这不是因为它们比积极性 TPI 更重要，而是因为它们在组织中很普遍并且备受推崇。

生产力优势可支持团队完成任务并保持进度以实现目标。每个因素都是整体的一个方面。可以单独查看每个因素。这有助于团队对每个因素及该因素在团队中的表现达成共识。最后，团队对每个因素的定义比任何书本上的定义都更重要。

在本章和第 3 章，当我们描述每个 TPI 时，我们还将提出一些问题，团队教练或团队负责人可以将这些问题作为交流的起点，以探讨该因素如何应用于团队的日常工作。

我们这么做的目的是加深读者对每个因素的理解，更重要的是，了解它在团队中的表现。对任何一个因素的剖析清楚地了解每个因素对团队意味着什么，将有助于提出假设和期望，并有了澄清和统一它们的机会。对每个因素的讨论可以提高人们对这方面团队行为的认识；相关对话能让团队产生更强烈的主人翁精神，并加强每个因素的发展。

都可能会引发有趣而值得深思的对话。这对团队意味着什么呢？

我们还将提供一些活动建议，以提高人们对每个因素在团队中的作用的认识。团队越了解这些生产力贡献者的状态，就越有可能采取改进措施。

1. 团队领导力

团队领导力

团队领导者的角色是明确的，为整个团队提供支持。团队的领导力意识很强，当有需要时，团队成员会挺身而出，展现出领导力。领导力被视为每个团队成员的责任，并由团队授权。

曾几何时，团队领导力就是一个简单的问题，那就是了解"谁是老板"。团队领导者的角色是明确的、事先确定的。这种结构让人们有一定的舒适感，它具有一致性和可预测性。人们知道自己的位置。

但这种日子已经一去不复返了。想象一下，你有一本 20 或 30 年前的团队相册。回首几十年前的那张团队合影。注意典型的团队是什么样子的。照片中的人们可能都穿着深色西装并打着领带，表情严肃。他们可能具有相似的教育背景和社会地位。团队负责人有任期，他——几乎可以肯定是"他"而不是"她"——是该职能领域经验最丰富或最负盛名的人。他为人们的工作指明方向，他拥有权力，做所有的决策。按照惯例，他将一步步晋升为老板。

现在，把相册翻到最近拍摄的一张团队照片。你会看到一支由几代人组成的团队，有男性，也有女性，在许多情况下他们来自多种文化。这个团队中最专业的人可能只有 25 岁，他站在团队中的边角处。当今社会，人们的工作节奏大大加快，团队被要求做出更快的响应和决定，通常最能做出决定的人是最接近内部或外部客户的人。世界变得越来越不垂直，越来越水平，组织结构越来越扁平化。

团队的组织方式及其在组织内的工作方式也在发生变化。在过去的团队中，你会看到一个完整的团队，团队成员可能会共事多年。即使人员发生变化，该团队的职能也会一直保持不变。一个团队中有一名领导者。

现在，人们通常会参与多个团队，并且可能生活在一个国家的不同地区或世界的不同角落，仅通过技术手段联系在一起。工作场所中有各种各样的团队形式，就像一个迷宫，所有这些都给取得成果带来了压力。

显然，团队领导力的角色正在发生变化，试图适应这个不断变化的世界。过去发挥作用的传统等级制度并没有消失，但无法满足今天的需求。团队不能依靠组织的几何结构图来确保有效的团队领导力。随着权威和决策被进一步推向组织内部，人们逐渐意识到领导力是每个人的责任。

团队领导者仍然扮演着至关重要的角色，但是这个角色是多面的，不像以前那样可以预测。对领导力的要求更加复杂，拥有优秀的团队领导力的团队通常需要应对模糊不清的未来，同时要保持高速发展。

几年前，我们与一个项目团队合作，目睹了提高团队领导力是整个团队的努力，而不是团队领导者的唯一责任的整个过程。这个特别的团队的任务是完成一项资本改善项目的第二阶段，该项目进度落后并超出了预算。团队的艰巨目标是：按时、按预算完成项目。我们参加了该团队的第一次完整会议，并听取了项目经理设定的期望。屋子里的每个人都知道未来面临的挑战。

团队负责人在会上谈到了领导力的关键作用："你们每个人都被选为领导者。如果你们正在等待我告诉你们那些大家已经知道的正确信息，我们必将失败。我们必须授权站在关键道路上的任何人。"

团队领导者讲完这番话，你会感觉到团队的每个成员都端正地坐在椅子上。这是对团队领导力的真正呼唤。最终，该项目按时、按预算完成了。

对话启动

- 与团队一起审查关键情况或转折点，并调查领导角色。谁在什么时候领导大家？这一贡献的价值是什么？其他团队成员如何对提高团队领导力做出贡献？
- 新团队成员在刚加入的团队中扮演领导角色的方式是什么？

建议的团队活动

❏ 让团队寻找团队领导力的具体例子,尤其是那些不是由团队领导者唯一负责的例子。设定一个时间范围,如"本周"。请团队注意由不同的人担任领导角色的情形,并思考他们是如何被授权(或不被授权)的。报告相应的影响。

2. 资　　源

资　源

团队拥有足够的专业能力寻求并管理资源以实现目标。资源因素与数量无关,而是指有效管理团队所拥有的资源的能力。

在世界范围内,无论何时何地,团队的话题几乎都是"资源":"资源,不够,根本不够。"谈及这个话题时,绝大多数团队要么说没有足够的人手来完成工作,要么说缺乏培训,但核心永远是缺钱、缺时间和缺人。

团队面临的压力是"花小钱办大事",这犹如一场竞争异常激烈的全球比赛,看不到终点。持续的重压会引发挫败、无序竞争、本位主义和沟通不畅,人们会变得更加疏离。这就是团队当前面临的生存环境,这样的生存环境对团队取得结果的能力具有极大的破坏作用。这虽然源于"花小钱办大事"的压力,事实上与团队缺乏控制能力有很大关系。如果团队把注意力放在他们没有的和无法得到的事物上,就会滋生无助感。

高绩效团队对此的看法则不同,他们将问题转化为:我们可以掌控什么?当团队的注意力从"我们没有什么"转变为"我们拥有什么"时,团队就创造了更多的可能性和采取行动的机会。

当团队开始关注这种可能性而不是得出"我们无能为力,因此注定失败"这种自毁长城的结论时,机会就出现了。由此,团队对"资源"内涵的理解也就变得更加丰富,他们会探索出更多管理所拥有的资源的方法。除了物质资源,他们还会寻找其他方式来分担彼此的工作任务,他们相互支持,能够意识到团队的能量并善加利用。无法获取更多的资源也许是一个事实,然而可以肯定的是,我们一定可以找到使团队拥有更多资源的方法。

对话启动

- 什么会使该团队拥有更多的资源？
- 该团队的无形资源是什么？如何最大化地利用它们？
- 当说到资源时，显然有些事情是团队无法控制的。那么团队有什么是可以控制的？跳出思维定式，好好思考一下，还有什么？

建议的团队活动

- 邀请团队回顾过往的项目或举措，其中资源缺乏对这些项目或举措的成功构成了严重威胁。在这种情况下，团队是如何发挥聪明才智找到解决问题的方法的？团队从中学到了什么？

3. 决策力

决策力

团队具有清晰而高效的决策流程，并善于对不同的情况进行灵活调整。优秀的决策能力包括及时、有效地做出决策，以及能从所做的决策中学习和提高。

过去，决定是由办公室里最有权威的人做出的，那个人就是老板。决策权是领导者的固有角色，也是领导者头衔赋予的权威。现在，团队的组织形式和工作方式都发生了变化，这意味着决策方式与以前相比也有了很大的不同，虽然团队领导者是关键决策的拍板人这一点并没有改变，也不会改变，但决策者和决策方式改变了。

伴随着决策速度的提高，参与决策的人变得越来越多，责任变得越来越分散，因而决策失误风险呈指数级增长。对此，有效的管理方式是增加决策的透明度和清晰度，

> 决策的有效性取决于多种因素，包括决策的性质和相关人员的角色等。我们曾与一个由区域副总裁组成的团队合作，该团队决策水平很低。刚开始，当他们看到自己的团队评分时，表现出了防御态度："我们做出的决定会影响我们的垂直领域。我们不会在副总裁之间做出太多决定。"但是这引发了一个合乎逻辑的教练问题：如果这个团队在决策力因素上的得分是满分，那会是什么样？这个问题引发了一场非常有益的谈话："这样会有什么好处？我们会拥有哪些尚未拥有的东西？"

而这一点在决策中却常常有所缺失，如"谁负责决策""谁参与"等关键问题没有得到有效的澄清，团队成员需要知晓他们在决策过程中发挥哪些作用。

面对这种持续的压力，人们往往有一种强烈的愿望，希望团队放慢脚步，设置更多的结构，采取更多控制措施，有时这会带来灾难性的后果。是的，有时候设置好的流程可以提高清晰度和效率，而且流程控制是无价的。但与此同时，收紧决策权或将决策流程设置得过于宽松，会导致不必要的复杂性和程序，从而拖累团队。它们实际上妨碍了清晰度和效率。

当然，人们的意图是好的。团队一直在寻找更有效的方法来制定决策，以优化时间和人才需求。实际上，当需要更多的结构时，可以使用有许多决策模型和这些模型的变体。同时，至关重要的是，要认识到对结构的需求与对灵活性和敏捷性的需求之间的平衡关系。如今的团队比以往任何时候都更有能力做出决策并向前迈进，即使在模棱两可的环境中。还记得前文提到的几十年前和现在的团队照片吗？如今，以矩阵团队为例，将有不止一个人担任指定的领导角色，这可能会在仍然需要高效和快速地做出决策的环境中产生相互冲突的优先事项。

在影响团队绩效的这个关键因素中，高绩效团队拥有让自己与众不同的意识和实践能力。人们意愿去检测假设、质疑流程、接纳不同的观点，并愿意考虑替代方案。做出决定后，团队中就会形成一种文化承诺，即彼此支持，并肩支持决策。

高绩效团队还会花时间复盘，这有助于他们了解流程中哪些部分是有效的或无效的，哪些决策是有效的或无效的。

对话启动

- 哪个领域的决策过程非常成功？从团队的角度来看，你可以从中学到什么？
- 你在团队中看到了哪些不同的决策风格？这些不同的决策风格是如何起作用的？
- 如果团队在决策力因素上的得分很高，那会是什么样？

建议的团队活动

- 识别一个需要做出决策的当下重要的情况。在当前的决策过程中，有哪些不同的角色和职责？哪些方面很清楚？哪些方面不太明确？在这种情况下，团队的"标准方法"是什么？与"标准方法"完全不同的一个方法是什么？好处是什么？

4. 积极变革

积极变革

一个积极变革的团队的典型特征是积极主动、勇于迎接挑战。这种团队拥护变革，并认为变革对团队和组织至关重要。这种团队能敏捷而灵活地应对变化的机会，做出积极的、创造性的回应。积极的团队一直在寻找更好的方法。

对高绩效团队而言，世界就像一本空白的书。他们不会忽略或拒绝书中已经写好的内容，因为这些经验是无价的，但它们并不能决定未来。创造力是优秀团队的生命。创建新的解决方案、打破思维定式、探索并检验传统智慧和旧习惯——这种掌握变化的精神在优秀团队中仍然存在。同样重要的是，这种精神通常是好奇的、好玩的，而不是令人恐惧或惊慌的。

积极变革的团队吸纳新的想法和不同的观点。他们愿意探询相反的或不同的声音，因为他们认为这样有助于加深了解并最终获得更好的结果。

你一定听过这句话："请求宽恕比请求允许更容易。"这句话通常是正确的。在真正积极主动的团队中，存在着一个支持创造力和行动的环境。在变革和创新方面，这种团队拥有一个赋能的核心。

当然，这也可能被滥用，所以驱动力和主动性需要在生产力维度的七个因素中找到平衡点。积极变革的团队将对此负责。这是一种团队素质。积极主动的承诺与允许团队独来独往或创建一个特立独行的团队不同。可以将这种团队看作一支出色的爵士乐队。人们有很多即兴创作的机会，但并不是每个乐队成员都可以即兴创作。当轮到一名成员表演时，其他成员的合奏将保持一种基调，并保证速度和底层的谐波结构。也就是说，即兴创作是在坚实的基础之上进行的。

积极变革的团队相互支持，并且乐于接受挑战。他们愿意走出舒适区而不会满足于简单的答案。他们作为一个团队发挥作用，并能为了团队和彼此保持更高的标准。积极变革很重要，因为它可以鼓励创造力和创新，检验旧习惯，并超越常规视野探索新领域。对当今看重业务发展速度的团队来说，这是一个基本属性。这些团队知道，好创意的生命周期越来越短。那些表现最好的团队经常"在飞行过程中建造飞机"，并一路改变设计。这一过程既令人振奋又令人恐惧。

对话启动

- 为了使团队或团队中的创造力蓬勃发展，需要哪些必备条件？
- 是什么阻碍了团队的创造力和创新能力？
- 这个团队在哪些方面表现出了自己的创造力？叙述要尽可能具体。
- 团队如何应对即将到来的变革？

建议的团队活动

- 确定需要更改的团队流程。集思广益，以多种不同的方式处理流程。不要让"那是不现实的"想法阻碍头脑风暴。该练习的目的是走出舒适区。任何可能产生的新行动都是额外的奖励。
- 从这个问题开始：在接下来的一个月或一周内（时间范围），有什么清晰可见的方法可以让团队的练习更加积极主动？然后收集有关影响的报告。
- 值得考虑：对某些团队来说，即兴活动（通常是在训练有素的引导师的陪伴下）可以激发具有创造性的敏捷性，叠加想法，增强团队成员彼此贡献的体验。

5. 责任承担

责任承担

团队成员互相负责。角色和职责清晰，并且高度跟进。这不仅是高水平的个人责任感。团队成员通过相互问责来积极支持对方，以实现团队目标。

责任承担是团队的另一项优势，随着团队的工作要适应越来越快的节奏、越来越分散的工作空间，这项优势正在从垂直方向向水平方向转移。要实现将责任承担视为个人责任到视为团队责任的转变，需要从观念上进行根本转变。当责任承担被视为个人责任时，重点和压力被放在个人结果上。责任承担成为一种检验方式：你是否按照你说的去做了？每个团队成员都会感受到压力和脆弱。这可能导致抱怨他人、找借口、相互责备和谴责。这种心态会让团队成员之间产生距离感。

过分关注个人表现会引发评判。你如何衡量？这会促使团队成员之间相互比较，从而引发更多的竞争而不是合作。这种团队效应可能不是很明显，但是即使将这种效应控制在最低水平，它也可能像一种持续的炎症，让团队成员变得警惕和自我保护，有时甚至自我防御。它会形成孤立而隔离团队成员。

相反，高绩效团队将责任承担视为每个人的责任，这是一种以"我们的团队表现"为目标的团队价值观。个人自然要承担责任，因为这关系到团队的结果和认可。人们之间相互比较的感觉从"我做得怎么样"转变为"我们做得怎么样"和"需要什么"。

团队责任承担是指团队成员互相问责，它来自对团队的承诺和对个人绩效的承诺。在有责任感的团队中，互相问责并不是指互相抱怨。它不是在"挑刺"。人们期待团队成员遵循他们的承诺。团队需要的是持续稳定的表现。这是一种团队标准，也是一种互相帮助和彼此支持的承诺。

在一些团队中，严格要求彼此问责的团队理念可能会给某些人带来威胁。具有讽刺意味的是，这种情况经常发生在高层领导团队中。团队成员是根据他们完成工作及对绩效负责的能力而被提拔到最高职位的。他们习惯通过垂直镜头观看自己的世界。这种专注通常是孤岛产生的原因。他们不熟悉水平方向的问责，需要邀请会议桌上所有人的介入。实际上，在某些情况下，大家心里都有这样一种默契："你不搅乱我的地盘，我也不会搅乱你的地盘。"

如果个人专注于责任承担，使之变成一项个人化的任务，就会导致他与外界隔离，而团队专注于责任承担，则会创建一种互相关联的、共享的使命感。责任承担的原因和追求成功的动力是团队利益。在对团队绩效做出承诺时，你会感到团队的力量发生了重要而显著的转变。它消除了通常会伴随个人绩效问责的情感负担。消除了这些情感负担后，我们只剩下三种"能力"。

责任感：能够看到需要完成的事情并做出响应，采取行动。团队的所有行动都是相互联系的。如果有人未完成任务，则团队网络中的某处会受到影响。高绩效团队的回应是对话，而不是指责，其关注的重点是"你需要什么"，甚至是"我能提供什么帮助"。

可靠性：始终如一地跟进记录。团队可以真正依靠每个团队成员。可靠性能够让人们放下戒备，不再互相监督，取而代之的是一种更加放松的信息："我们都在尽自己最大的努力做好工作。"

问责制：问责制就是对一切承担责任，而不是评判，是真正对所发生的事情负责——无论事情成功与否。从某种意义上说，问责制中包含一层学习意义。问责制消除了人们的情感负担，使人们的对话聚焦在团队层面，而非个人层面。问责任使人们的态度从解释或防御转换为主动报告发生了什么，从而促进团队学习并获得更好的结果。当团队建立了问责制时，其所建立的环境会更加清晰和诚实，团队成员也就拥有了责任感、可靠性和问责意识。

对话启动

- 团队的职责是什么？（与团队成员的个人职责区分开。）
- 哪些例子能证明团队成员具有团队责任感？
- 如果团队在相互问责方面表现优秀，会有什么不同？团队需要学习或实践什么才能达到该水平？

建议的团队活动

- 一个简单的练习是为团队会议创建或查看团队协议，并让团队根据这些准则报告他们的表现。许多团队都有这种协议，但经常忽略它们。通过关注看似简单的问责制应用，团队经验可以得到增强，团队会议也会变得更加有效。
- 找出那些由于角色和期望含混不清而缺乏明确性的团队流程。花时间确定关于该流程的一套明确协议，并查看其影响；寻找有效的方法及可能需要采取的不同措施。该练习可提高所选流程的责任感,并有助于加强团队实践。

6. 目标与战略

目标与战略

团队的目标明确,具有挑战性;在战略和重点上保持一致;目标和结果明确,并强化了战略远景。团队具有很强的韧性,不容易被击败。

战略决定方向。根据总体规划确定目标。为了实现这些目标,需要定义这些目标:"什么"和"何时"。战略回答了"为什么",即"我们为什么要朝这个方向前进"。实现团队的目标是一段旅程。任何成功的旅程都需要目的地和地图。战略提供了地图。顺便说一句,考虑到任何一个团队的旅程都不可避免地会有起伏,这个地图应该是一个"地形图",以便更好地测量。

目标创造了垫脚石,并定义了必要的战术绩效指标。目标回答了"如何",即"我们将如何到达那里""我们将如何发展"。答案似乎都是显而易见的。但是,在当今瞬息万变的环境中,团队的运作方式意味着整个战略—目的—目标过程都需要更具适应性。

每个人都知道 SMART 目标,但每个人对此理解各不相同,以下是对 SMART 目标的典型解释。

SMART 目标

SMART 目标即具体的(Specific)、可衡量的(Measurable)、行动导向的(Action Oriented)、切合实际的(Realistic)、有时效性的(Time Sensitive)。

当然,这些理解都有道理。但是 SMART 目标已经无法满足当今的团队了。在创造结果的过程中,就像跳舞一样,需要坚实、稳健、灵活和敏捷。因为音乐一直在变化。

这一现状既令人振奋又令人不安。在行动中,我们必须能够移动和转向,从而调试和重新瞄准—预备开火—击中目标。在当今全球环境下,人们越来越需要冷静。团队比以往任何时候都要应对更多的不确定性和方向的变化。我们需要保持正轨,但轨道必须具有一定的延展性。太高的刚性会导致过度摩擦,从而引发"事故"。

高绩效团队能够克服这种刚性。当事情发生变化时，他们有能力做出有效的反应，而不必面对新需求时感到慌张。他们可以调整方向，而不是退出。他们知道，除了要符合 SMART 目标，他们还应该符合 AIM 目标：

- A——适应性强（Adaptable）。高绩效团队可以调整自己，以适应条件的变化，但仍能与团队的任务、战略和目标保持一致。
- I——互联（Interconnected）。高绩效团队认识到行动具有影响力。变化的条件要求目标和战术随之发生变化，但所有这些都会产生影响。目标不是在真空中创建的。它需要考虑到一个联系网络、一个后果生态系统。
- M——激励（Motivating）。并非每个任务或目标都能激发人们的斗志，但是对目标动机的某些关注可以让人们的观点从"这是我的工作"转变为"这是有意义且重要的工作"。将战术与更深层次的目的联系起来，可以丰富任务本身并激励执行工作的人员。

对话启动

- 团队的哪些目标很重要但难以衡量？团队可以通过哪些创造性的方式衡量这些目标？
- 团队的关键绩效指标（Key Performance Indicator，KPI）是什么？显然，团队的部分压力来自如果团队不能达成 KPI 的压力。再看长远一点，是什么真正激发甚至鼓舞了团队实现 KPI？
- 最近有哪些例子表明当进程改变时，团队需要在行动上具有灵活性和适应性？如果它是在这种情况下敏捷的成功典范，那么是什么让这个团队获得了成功？如果这次的成功还算不上足够优秀，那么下一次团队会做些什么？

建议的团队活动

- KPI 在员工中的使用非常普遍，在团队中也越来越普遍。如果团队还尚未设置团队 KPI，请务必花时间来设定它们。
- 目标激励团队的一种方式是在实现目标时期望获得奖励或认可。让团队关注特定的团队目标，并寻找方法来强调或创造团队庆祝的理由。

7. 一致性

一致性

团队有共同的使命和目标。团队重视合作、凝聚力和相互依存。团队成员朝着同一目标共同努力。

首先要对探讨话题的"一致性"划定框架,以确保大家在讨论同一件事。换句话说,就是保证一致。团队教练关注的重点是团队协作。这与通常所说的一致性对话的关注点有些不同。团队教练通常关注组织的一致性:团队,特别是领导团队如何与组织的愿景、使命、战略和目标保持一致。

显然,纵向一致性非常重要。这对组织的成功和团队明确的职责至关重要。达成纵向一致性的目标及团队为达成纵向一致性而开展的工作,可能会成为团队跟教练进程中所选择的主题。团队如何参与该主题将是团队教练的重要内容。团队动态也会在一些重要的对话中逐一展露出来。团队除需要做到纵向一致外,还要实现团队内部的横向一致性。这种横向维度的一致性是我们对生产力因素的基本关注点。为了说明这一点的重要性,这里有一些关于团队一致性的非常具有启发性的数据,如图2-2所示。

	"双高"团队	"双低"团队	差异
一致性	7.7	4.8	+60%
团队领导力	7.6	5.0	+51%
责任承担	7.5	4.9	+54%
积极变革	7.5	5.1	+47%
目标与战略	7.3	5.0	+47%
决策力	7.1	4.8	+46%
资源	7.0	5.1	+36%

"双高"团队在生产力因素上的平均得分比"双低"团队高49%

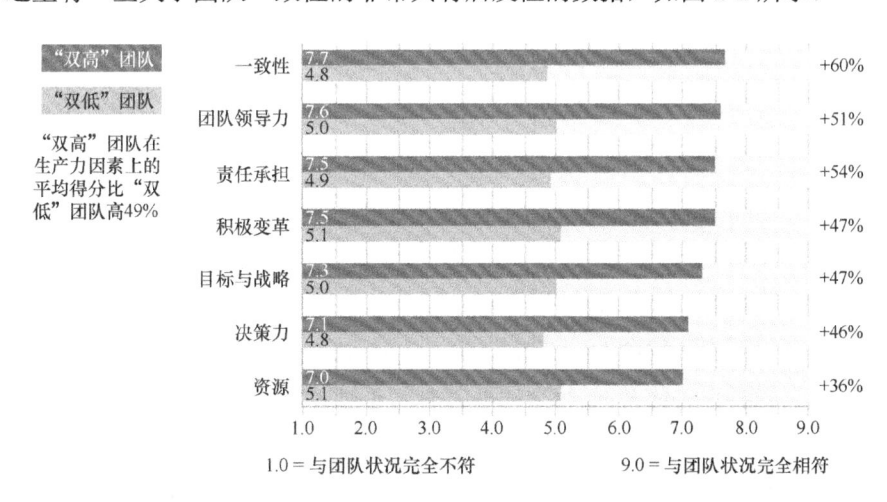

1.0 = 与团队状况完全不符　　9.0 = 与团队状况完全相符

图2-2 在"双高"和"双低"团队中生产力因素的排名和百分比差异
(整体和按每个因素)

资料来源:TCI 团队诊断™ 数据库,该数据基于 2008—2017 年的 3 000 多个团队。

你猜对了，在这七个生产力团队绩效指标中，"双高"团队在一致性指标上的得分最高；"双低"团队在决策力指标上的得分最低。同样值得一提的是，在这七个因素中，"双高"团队与"双低"团队在一致性指标上的得分差距在七个因素中也是最大的。高绩效团队的一致性明显更好。

经验表明，在团队中进行高度协调并不总是那么容易，尤其是对跨职能部门和领导团队而言，因为各部门和各领导团队都有很强的垂直导向。责任和激励措施大多是为了支持这种导向而设立的。其结果就是人们更加关注和优先考虑垂直绩效。这些结果都是团队实现一致性的潜在障碍。

实现团队一致性需要转变视角。在一致性高的团队中，大家对团队结果有积极的主人翁感。这不仅仅是要有一种合作态度或与团队成员相处融洽，也不仅仅是遵守团队目标。这是对团队始终如一的，有时甚至是有所牺牲的承诺。团队一致性包括意见统一，但不限于此。团队一致性着眼于两个方面，即团队宗旨和目的地："我们是谁？""我们要去哪里？"团队目标相对稳定。但随着环境的变化，团队的目的地或目标可能更多地是一个移动的目标。

对团队使命和目标来说，一致性是最重要的，但是团队成员可能对如何实现一致性持不同意见。实际上，在"怎样做"和"如何实现"这一层面缺乏共识是健康的团队状态，也是一个优秀的团队应有的状态，它能彰显出团队天生的多样性的优势。在为实现团队目标达成共识方面有些混乱是正常的。而没有分歧并不代表实现了一致性。要谨防机械的点头和空洞的微笑。沉默并不意味着达成共识。

团队使命的一致性回答了以下问题："我们为什么组成一个团队？我们要完成什么？"每个团队都有一个独特的使命，这与团队在支持组织使命方面的垂直角色不同。正是这种独特的责任感形成了团队使命。如果这个独特的使命没有在团队中实现，那么它也无法在组织中实现。

团队一致性包含共识的稳定性和行动的同步性。它不一定能保证目标顺利实现，但能保证人们在实现目标的过程中有根本的信心，有团队认同感："这就是我们。"这种认同感体现在共享的团队价值观和对团队优先事项达成的共识上，这不同于组织的价值观和优先事项列表，但两者同等重要。

大多数错位并非由不可告人的意图造成的，而是由于缺乏对话而没有事先暴露出造成错位的差异造成的。建立团队一致性的基本过程是阐明差异并揭示假设和未言明的期望。团队成员将自己独特的视角分享给他们身处的。创建一致性的过程包括发现、表达和综合这些不同的视角。

对话启动

- 团队在哪些方面有脱节或不一致之处？错位的证据是什么？由此产生了什么影响？
- 团队在哪些方面表现高效？在这些方面，团队一致性的作用是什么？
- 这个团队的标签是什么？你们是谁？你们想以什么而出名？

建议的团队活动

- 创建一个独特的团队使命陈述："我们在这里……"陈述要保持简短、清晰和吸引人。多使用动词。
- 让每个团队成员列出团队的前 10 个优先事项清单，并按从高到低的顺序对其进行排序。收集并比较这些清单。这可以明显地揭示团队在关键事项上的一致性水平。
- 选择一个重要的团队问题。让团队成员分享有关此问题与团队任务之间的关系的假设。探索团队成员如何将该问题与其他问题相关联，以及由此产生的不同观点。提问："为什么在这里提出这个问题？"利用团队成员不同的答案来寻找潜在的差异和达成一致性的机会。

总　　结

当团队了解了这七个因素，知道这些是团队绩效的核心时，团队成员就可以轻松地谈论每个因素对团队的意义。然而，许多团队在这些重要的生产力领域没有足够的技能，因此几乎没有人对这些领域进行过深度讨论。

　　有效的团队教练过程的结果之一是提高了人们对这些团队生产力的关键贡献项的认识，进而使人们清楚地认识到这些因素在团队中的哪些方面发挥作用，在哪些方面需要改进。团队教练过程既支持对当前状态的清晰表达，也支持随着时间的推移进行变革。

第3章
七个积极性因素

对团队和团队负责人进行一次非正式调查。请他们投票选出更重要的衡量因素——是七个生产力因素还是七个积极性因素？查看投票结果，你可能会发现大多数人支持七个生产力因素。积极性因素通常被贴上"软技能"的标签。能拥有这些优势当然很好，但它们对实现业务成果并非至关重要的。但是，当团队成员被问到他们所加入过的最佳团队时，他们不可避免地会非常热情地回忆起这七个积极性因素的影响。它们是优秀团队所拥有的令人难忘的特质。

对员工敬业度的日益重视，标志着各组织已开始认识到积极的工作环境的价值所在，在这种环境下，工作条件更能赋能生命，而非消耗生命。当然，这是有道理的。我们是人，而不是机器中的机械齿轮；实际上关系更重要。在以知识为基础的经济关系中，人们的目标是把工作完成。如今，这一观念正在转变，但是仍然有许多团队根本不知道如何发展这种可持续的、互相支持的文化。

七个积极性因素
- 信任
- 尊重
- 同事情谊
- 有效沟通
- 建设性互动
- 价值多元
- 乐观

本章是团队通往"积极性世界"的指南，旅程中包括七站地——七个积极性因素，每个因素都有自己独特而重要的贡献，具有推动团队前进的潜力。此外，本章在每个因素中都提供了一个引人注目的商业案例。在七个积极性因素上表现卓越的团队可以加速团队的协作工作，并使团队绩效变得可持续。

这七个积极性因素来源于许多方面，包括欣赏性探询、情商、积极心理学，以及对有效团队行为的正式研究。与生产力因素类似，它们各自对有效合作做出独特的贡献，同时与其他因素构成一个整体，相互关联。这七个积极性因素编织在一起，就像把单独的彩色线织成了可持续的团队织锦一样。

1. 信　　任

信　　任

在团队中，开诚布公地说出你的想法是安全的。团队成员可以互相信赖。团队不是在一个充满恐惧的环境中运作的。

信任是团队文化中的氧气。一些团队正在轻松地深呼吸；一些团队正在使用呼吸机。当信任度低时，团队中会有一种警惕的、常常令人恐惧的气氛。在这种团队看来，大家的耐力是有限的，冲刺是不可能发生的。

信任是在人际关系中创建的，并且随着时间的推移而建立。它因信守诺言而建立，因解决分歧而建立。信任就是当讨论结束时，无论是什么结果，团队成员都感受到被倾听、被尊重。可感知的安全感是建立信任行为的前提。没有安全感，团队成员将不愿承担建立信任的必要风险。团队成员在进行测试或建立信任的对话或行动之前，会先评判环境的安全性。

反之亦然。对报复的恐惧会在团队成员之间达成默契，使他们表面上友好相处，不制造波澜。这通常会导致团队缺乏凝聚力，也不允许人们行使信任。结果就是，团队处于一个谨慎、警惕的环境中。拉帮结派和悄悄话破坏了人们之间的信任。

信任对团队很重要的原因不仅在于其社交功能，高信任度的团队能更快地解决问题，更快地解决冲突，更自由地进行头脑风暴，更具包容性，更少犹豫不决。建立信任对企业有利。当今世界，企业必须在竞争中表现出卓越的速度和敏捷性。低信任度的团队将在竞争中付出沉重的代价。

建立团队信任的基本方法有两种，两者都有效。一个相对容易，但经常被忽略；另一个更具挑战性。让我们从简单的方法开始。

在个人层面彼此了解的团队成员之间有着更深层、更紧密的联系。当团队成员仅从其职能角色进行交互时,个人就沦为"职能部门"。更多地了解彼此的个人故事,可以使团队成员具有人性化的视角,感受到更高层次的尊重,这一点很重要。偶尔花时间去了解团队成员的背景、经验、成功故事,甚至关于他们失败的故事,都能为团队成员之间建立信任。这对新团队或重组的团队来说尤为重要。当然,随着时间的推移,团队成员也会自然地相互了解,但有意识地加快这个过程对团队的组成非常有益。建立和维护信任文化是一项挑战。找到使团队成员建立更紧密关系的方法,可以简单且有效地提高团队信任度。

建立信任的第二种方法是成功地引入不同意见或冲突并能继续融洽地相处。这两种建立信任的方式都依赖一个允许冒险的安全环境,尤其是在对话激烈的时候。摩擦有可能使团队成员之间的连接更牢固。专注于问题而非个人的团队成员能够通过这种关系跨入崭新的、脆弱的领域。团队成员打开了信任的大门并扩大了信任的空间。信任是关系安全性和可靠性的衡量标准,分歧会检验双方的边界和弹性,并在此过程中建立更高的信任度。

高信任度团队的行为

团队成员

1. 直言不讳。团队成员彼此开放和诚实。他们根据自己的亲身经历,说出自己知道的事实。保持透明能赋予团队变革的力量。
2. 愿意表现出脆弱的一面。团队成员愿意为了改善连接和交流而展现自己脆弱的一面。
3. 可靠。团队成员知道可以依靠彼此。做真实可信的自己是很有价值的。
4. 站出来——最重要的是,即使事情会变得让他们不舒服,他们也会留下来。
5. 扩大信任度。先去做就是了。
6. 保护他人的安全。当安全受到威胁时,他们会大声疾呼。
7. 意识到自己的影响力。
8. 在信任关系破裂时,采取措施恢复信任。

缺乏对团队的信任会对团队绩效和团队成员造成巨大的伤害。你肯定经常听到有人说"信任是我们团队的问题",我们的数据也证实了这一点。有些团队找到了信任的文化,但大多数团队都需要创建它。这需要有意愿和行动,并且需要时间。你不可能在星期二早上走进办公室,说:"好了,从今天开始,我们将成为一个彼此信任的团队。"

类似地,尽管团队建设活动可以产生强大的影响,但它们并不能建立信任。它们可以给团队带来体验,使团队可以谈论信任,以及信任是如何在团队中显示出来的。对话是建立信任的一个起点,但是要让信任作为可持续的团队力量,关键是将其视为一种内在行为。行动胜于雄辩。

对话启动

- 列出高信任度团队的八种行为。让团队选择一个他们擅长的行为。然后问:"它在哪里出现过?它给团队带来了什么?"
- 让团队再选择一种信任行为,他们会对这种行为说:"我们可以为此做一些工作。"然后问:"这有什么影响?作为一个团队,你们可以做些什么来改善这一点?"
- 怎样才能保证团队有一个足够安全的环境来进行具有挑战性的对话?
- 你所知道的建立信任的方法有哪些?

建议的团队活动

- 寻找一些通过更好地了解团队成员或通过分歧和冲突来增强团队信任的例子。你从中学到了什么?现在可以将它们应用到你的团队中吗?
- 进行完简单的个人签到后开始团队会议。会议内容可以与业务相关,如过去一周的一个专业亮点。或者来一个更个人化的签到,展现一种工作以外的可能让人们感到惊讶的技能。
- 建立任何团队信任的一个低风险方法是强调可靠性。对于可能尚未准备好透露隐私,或者特别不愿意讨论不同意见的团队,成为一个更可靠的团队有助于建立良好的信誉和信任。

2. 尊　　重

> **尊　　重**
> 团队拥有相互尊重的工作气氛。团队不允许出现蔑视和敌对情绪。团队鼓励并授权团队成员做出贡献。

尊重常常不像信任那样容易被看见。仔细观察人们在对待彼此时所做出的选择，听听人们是如何交流的。请注意团队成员在交谈过程中使用的词语和语调。这些对话的性质及谈话双方对待彼此的态度决定了团队中是否有尊重的文化。尊重还以非语言的方式出现。当团队确立了尊重的基调时，你会对他人产生一种尊重的感觉。尊重还来自对高标准的工作质量、诚信和胜任力的欣赏。

尊重并不是毫无理由地服从他人，尽管有时服从他人是尊重的一种表现。当团队成员对他人的贡献表示赞赏和认可时，就会表现出尊重。向他人表示赞赏是一个简单的日常尊重示例，也是一种在团队中建立尊重文化的简单方法。

尊重包括但不限于良好的举止和礼仪。尊重是人际关系的基础。这个基础可能是坚实的、支持性的，也可能布满了障碍和陷阱。实际上，要弄清尊重及其对团队的影响的一种方法就是看事情的另一面：当缺少尊重时，团队的体验是什么？缺乏尊重会给人一种被贬低、不受重视、被忽略的感觉。在某些情况下，缺乏尊重会使个人完全被忽略。在其他情况下，这种情况非常明显：个人被孤立并被排除在团队之外。缺乏尊重也可能表现为轻蔑或居高临下的态度。

缺乏尊重还表现在人们交谈的方式中，如人们使用的语气和词语，并且可以通过清晰的非语言方式表现出来。我们曾在一次团队会议上看到，当时两名团队成员正在做报告，另外两名团队成员相互看了一眼。他们的眼神很微妙，但表达出来的意思显然是缺乏尊重。

尊重与地位和等级密切相关。一个人获得团队尊重的原因有文化方面的、社会方面的，有时与团队本身有关。一个人优越的地位可能来自其教育背景、职称、技术专长、年龄、在公司工作的年限、性别、种族、表现出来的文化差异等。

在通过互动赢得信任的团队中往往能建立尊重。如何及向谁表示尊重有着深刻的文化性。不同的文化在表达尊重和看待尊重的重要性方面存在很大的差异。对于不同地区的团队和多元文化团队，意识到这些差异尤为重要。例如，在美国，多元文化地区可能是指团队中有人来自东海岸，有人来自西海岸。尊重适用于不同的文化，也适用于业务团队的文化。你可能遇到过那种表面上的尊重。例如，在销售部门和制造部门之间，大家表面上互相尊重，但彼此都认为："你不了解我们的世界。"

缺乏尊重会加深分歧，从而引起连锁反应：分歧会导致怨恨，怨恨会导致报复。承认这一点并不是件光彩的事，但它确实发生了，其后果就是严重影响团队的运作能力。你会看到团队成员囤积资源，中断沟通，出现各种形式的消极的攻击性行为，蔑视他人，浪费时间和资源去耍手段。它将导致一种有毒的文化环境，会对团队造成巨大的情感伤害。

涉及并购或重组的团队特别容易受到这种影响，因为级别和地位问题使新的团队陷入混乱，直到他们厘清头绪。这种情况也是彰显团队教练价值的好时机。教练可以极大地缩短团队整合和建立新团队文化的过程。

在实践中，当人们说"表示尊重"时，他们实际上是什么意思？以下是一些指导方针，可以帮助团队成员建立强有力的、支持性的尊重文化。

- 尊重见识和价值观。随时表达赞赏并给予认可。
- 要想表示尊重，首先要放下评判的心态，并表现出真诚的好奇心。
- 寻找融合而不是对抗的机会；假设每个人都在尽其所能。提问："我们在哪些地方是一致的？就让我们从那里开始。"
- 偶尔考虑一下（尽管很少有人考虑过），有没有可能是自己错了。对影响持开放态度。
- 用敏锐的眼光观察潜在的假设，尤其是你自己的假设。

真正的积极关怀是建立团队的一个强大基础。当然，它并不排斥分歧，甚至是严重的分歧。我们可以对差异保持强硬的态度，用不同的方式看待事物，同时仍然保持明面上的尊重。

对话启动

▫ 在这个团队中，尊重是如何表现得清晰可见的？这个团队定期表达尊重的一种方式是什么？哪里缺乏尊重？

- 尊重与信任有何不同？
- 这个团队可以通过哪些非正式的方式认可团队成员以表示尊重？
- 这个团队的状态指示器是什么？它会产生什么影响？

建议的团队活动

- 有意识地为团队成员创造机会，以练习对彼此表达认可和赞赏。
- 对一些团队来说，可以通过分享他们所加入过的其他团队的故事来谈论尊重的影响。例如，谈一谈拥有很好的尊重文化的团队及尊重给这个团队带来的影响，或者聊一聊缺乏尊重的团队及缺乏尊重给这个团队带来的影响。总之，讲一些尊重如何影响团队绩效的故事，使人们在业务和行为上真正地理解什么是尊重。

3. 同事情谊

同事情谊

对团队有强烈的归属感。团队庆祝并认可成就。团队成员充满同理心、好玩、幽默。这是团队社会性的一面，也是团队士气或团队精神之所在。

人们很容易忽略团队中同事情谊的价值。它太"软"或太模糊。当我们在团队中引入"同事情谊"的话题时，人们——至少有一些团队成员——的反应是："我来这里是为了完成工作，而不是交朋友。"然而，当你再次回顾最佳团队体验时，这些令人难忘的团队特质清单上始终有一个共同的主题——归属感，或者说成为"比我自己更大的事物"的一部分。同事情谊几乎可算作一种看得见、摸得着的团队精神，一种自豪感和团队认同感。幸运的是，神经科学领域已经提供了数据，真正地证明了团队精神的力量。

事实证明，人们渴望建立关系并共同努力。从根本上说，群体中的包容感会使大脑的问题解决区域的血液流动更加顺畅。排斥（实际上只是对被排斥的恐惧）会激活"战斗或逃避"的反应，使血液从生产力思维过程中分流，从而使人们的认知能力下降多达 70%。简而言之，在缺乏归属感或包容性的环境中，团队会变得愚蠢。

研究还表明，高绩效团队具有很高的"催产素"，"催产素"是人体产生的一种化学物质，它可以增强人们的社会联系。它与较高的同理心、慷慨和信任相关，从而产生较高的凝聚力和合作水平。顺便说一下，催产素也被称为"爱的分子"——它将婴儿与母亲、将伴侣彼此结合。如果有时间，你可以了解一下这方面的内容。团队需要关注的是高绩效与团队成员在优秀团队中感受到的"激动"之间的联系。它有助于相互尊重、建立强烈的团队认同感和相互钦佩，从而使团队成员全心全意地付出。

同事情谊经常表现为非正式的嬉戏和幽默。但是，同事情谊不只是吃喝玩乐，还涉及建立一种共同的使命感和"我们在一起"的心态。与个人的成功相比，人们对团队有更强烈的忠诚度，对团队成功有更多的承诺，为共同取得的成就感到自豪。在团队中，人们对自己的要求更高。每个人都想向其他人展示出最好的自己。

这种对支持的承诺以两种重要的方式体现出来。一种方式是更多的合作、寻求帮助的能力和参与的意愿，这种方式非常实用；另一种方式是情感上的支持，包括相互支持、相互安慰、分担压力、分享成功、互相排解焦虑或失望。

同事情谊营造了一个积极向上的能量场。上班是一件愉快的事。即便面临极大的困难，人们也会并肩作战，共渡难关。这也是一个团结的团队的特征。

随着团队更加重视提高组织绩效的手段，团队必须学会有效地协作。这就使同事情谊有了用武之地。在一个充满了友谊的团队中，人们很少责备、批评他人，能够更好地解决问题；团队更具创造力和生产力；团队成员更加投入；沟通水平很高。在艰难时期，人们可以用更大的善意互相打气。这种经历是有益的：团队成员对团队更有依恋感，不愿离开团队，从而有助于留住最佳人才，并为招聘创造竞争优势。

研究表明，工作中的同事情谊是员工敬业度的关键。盖洛普咨询公司发现，工作中

> 我们与一个金融服务区域副总裁团队进行了合作。他们在同一个组织工作了很多年，并且大家差不多同时获得了提升，因此彼此了解。他们特别赞赏面对面的团队教练工作坊，将其视为重新建立连接的一种方式，并想知道如何在教练之外的基础上获得发展。他们决定在周五度过"欢乐时光"，整个下午，大家只是简单地签个到，分享故事，没有议程，但有一项协议——为团队带来"工作结"，以帮助他们跳出经验之谈。

亲密的同事情谊可以将员工满意度提高50%。在日常工作压力中，同事情谊可以创造一片绿洲，使人们恢复活力，让团队成员有时间放下包袱，放松地谈论家庭和个人兴趣，分享个人的成功和挑战——这是一个完整的人类体验。团队中的同事情谊可以让人们卸下伪装，安全地展现自己，并建立一种更加真实的团队文化。

那会不会出现同事情谊"过多"的情况呢？会！这是一个优势变劣势的经典案例。过多地强调关系会导致群体思维，反对的声音会被压制。决策建立在共识的基础之上，而决策通常会被重新审视。分歧被极力避免，或者被团队成员隐藏起来，反而在会后的私下对话和小组会议中表达出来，浪费人们的精力和时间。团队会竭尽全力确保每个人都被听到并参与进来，并且没有人的感情受到伤害。团队善待人际关系超过对业务的重视。

但是，同事情谊并不是说人们必须成为彼此的朋友，甚至每个人都彼此喜欢。虽然这样也很好，但这不是必需的。团队中的同事情谊从根本上讲就是指归属感和团队认同感。它可以完全在工作环境中创建：了解并迎接挑战，奖励团队成员在不同角色中的经验。人们能够意识到不同的风格和背景，以及这些差异如何使团队变得更强大。可以在团队共同解决的一个具有挑战性的问题上建立同事情谊。很多好的让团队变得更亲密的故事讲的都是团队克服了哪些困难。你可能也有一个这样的故事。

远程的、虚拟的、地理位置分散的团队面临一个特殊的挑战。同事情谊仍然很重要，但是要想建立同事情谊，需要付出额外的努力。当团队成员主要通过技术手段与他人联系时，他们的关系体验往往是功能性的、高效的，并且通常是非私人的。尽管如此，还是有许多方法可以创造机会，让团队建立更牢固的关系的。

对话启动

- 对于位于同一地理位置的团队，哪些特殊事件或经历可以建立更牢固的团队关系？这段经历的价值是什么？
- 对于虚拟团队，如何通过电话会议建立更紧密的联系，说出可以做的五件事。
- 在工作中有哪些非正式的日常同事情谊的事例？

❑ 你什么时候感受到了团队的"团队精神"？
❑ 新的团队成员如何融入团队？

建议的团队活动

❑ 让团队成员列出他们所面临的特别具有挑战性的情况。找出大家相互合作、相互支持和寻求帮助的例子。在这些情况下，团队中的同事情谊发挥了什么作用？带来的持久影响是什么？
❑ 让更多的团队聚集在一起，进行有目的的志愿服务，这有助于建立同事情谊和有意义的共同贡献感。例如，团队合作清洁城市公园，或者公益集资在人行道旁边建设饮水站。你的团队可以支持什么主题或活动？

4. 有效沟通

有效沟通

清晰有效的沟通非常重要。团队成员重视良好的倾听。有效的沟通过程可以满足对清晰度、速度和内容的需求。团队直接沟通，从而避免谈论公司政治、说闲话、拖延。

在瞬息万变的商业环境中，要保持联系并与时俱进是非常具有挑战性的，并且变得越来越具有挑战性。产出结果和加快各方面协作的负担给团队成员的良好互动和保持有效沟通都施加了巨大的压力。在这种压力下，愤怒的团队成员问道："谁有时间这样做？"每个人都在摸索中前进。在这个世界上，人们渴望清晰度和稳定性，而现实中更多的是模糊性和变化。

大多数团队表示希望更好地沟通，但他们常常混淆"更好"和"更多"这两个概念，没有人需要"更多"的沟通。人们竭力阻止没完没了的电子邮件、短信、电话会议和虚拟/面对面的会议。不，更多不代表更好！我们的目标很明确：有用和有效的沟通。

你可以问任何团队："有效的沟通对团队绩效重要吗？"答案将是："显然。是的。"但是，一定要真正意识到良好的沟通对团队而言是多么重要。请反观一下，你可能曾经在一两个团队中遭遇沟通不畅和沟通混乱。在团队中，人们不澄清问题，只有单方面的交流；沟通是隐蔽的；团队不是一个开放和包容的团体，团队成员拉帮结派；很难出现有用的交流，而且团队中常常充斥着谣言和八卦。压力使人们产生紧张感和恐惧感。在暗沉的环境中，交流会变得模糊、延迟和曲解。当糟糕的沟通贯穿整个团队时，会引发更多的负面影响。

团队之间沟通不畅的代价是惊人的：错误、误解、沮丧、客户关系受损、指责和防御。这些恶劣的后果严重影响了团队效率的提高。

有效沟通的四个特质

我们提出的团队沟通定义中的关键词是"高效"。这意味着沟通具有以下四个特质。

及时（Timely）。如今，随着业务的发展，及时性越来越重要。有时事情会因为沟通太迟而失去价值。同样，过早地沟通或在没有了解当前背景的情况下进行沟通会造成混乱、导致误解，并且得不到所提问题的答案。

相关（Relevant）。我为什么要了解这些信息？在这方面我有什么行动步骤吗？这仅仅是背景信息吗？背景是什么？期望是什么？人们进行广泛沟通的理由往往是善意的，是为了彻底了解事情，但这样做并不总是正确的。有时候，广泛沟通的原因仅仅是交流者太懒惰，或者是交流者在掩盖自己背后的行为。无关的沟通总是站在高效沟通的对立面。

充分（Sufficient）。就像我们前面提到的那样，团队渴望更好的沟通，而不是更多的沟通。有效的沟通应该符合"刚刚好"（刚好合适）原则。"充分"是指了解如何接收沟通信息，这包括选择最有效的信息传输媒介。有时，长篇的电子邮件是正确的选择；有时，一则简短的手机短信就足够了。

负责（Responsible）。考虑沟通的目的，并预测其影响。实际上，在许多情况下，预先认识到沟通带来的影响，能够让人们选择正确的沟通内容和形式。任何流程或人员的重大更改都应引起特别的注意，并了解相关背景。通过预先思考所提议的沟通会引发什么问题，可以让沟通的发起人更好地处理信息。想象一下，你收到了一封电子邮件，邮件里只是简单地写着"今天下午3:00在会议室召开全体会议"，这会给你带来什么影响？

这肯定会引发问题，并让你变得紧张。

负责和有效的沟通也关系到一个人直接表达的能力和受人尊重的程度。团队成员说："我们想要一个开放的、诚实的对话。"但实际上团队通常都达不到这一标准。相反，沟通通常是谨慎的，有时甚至故意表现得模棱两可而不坦率。团队成员在各种猜想中寻找他们认为的真实信息，从而浪费更多的时间。或者他们会将注意力集中在计算谁是盟友、谁是敌人上。高绩效团队会避免通过谣言或八卦来沟通。

最后，要牢记一点：负责任的沟通不仅仅是发送内容——这不是真正的沟通。真正有效的沟通应包含"发送信息—收到信息—理解信息"这一循环。简单地发送一条信息并不是有效的沟通，那只是在"说"信息。高绩效团队最重要的技能之一就是倾听的能力。它不是指简单地听，而是为了理解、为了寻求意义、为了建立连接，而真正抱有好奇心地、开放地倾听。

为什么有效沟通对团队很重要

原因显而易见，有效的沟通可以让团队：
- 提高生产力。
- 更高效地决策和解决问题。
- 拥有更好的工作关系。
- 减少工作压力和冲突。
- 更顺畅地运行，减少问题和障碍。

有效沟通能让团队成员全身心地参与团队的旅程，这对团队绩效的各个方面都很关键。有效沟通对于建立和维护信任至关重要。尊重是靠沟通得来的，而沟通看上去很缺乏"尊重"。通过有效沟通，人们可以知道目标是什么并建立一致性。有效沟通是确保团队责任感的后续手段。由于它对团队绩效至关重要，有时它被认为是理所当然的，甚至被人们忽视。人们一生都在与他人沟通，但这并不意味着所有人都很善于沟通。团队对沟通的内容和方式越有意识，就越高效。

及时、相关、充分和负责任的沟通是一个"移动"的目标，需要根据各个团队的具体情况量身定制以提高效率。要做到这一点，需要团队保持警惕，并具有调整和适应不断变化的环境的能力。

对话启动

- 在这个团队中，目前的沟通的基本规则是什么？大家心照不宣的假设是什么？
- 要让团队的沟通非常理想，需要改变什么？团队中会出现什么新的行为？
- 为了使团队变得高效，需要进一步围绕团队沟通达成哪些具体协议或规则？

建议的团队活动

- 举例说明团队中的间接沟通习惯。假设这种沟通方式（如开小会）是有原因的，那是什么原因？有什么不同的方法可以获得想要的沟通结果？
- 沟通的另一半是倾听。从 1 分到 10 分来看，团队的倾听水平如何？怎样才能提高分数？提高分数的好处是什么？
- 选择一个在团队中持续存在沟通问题的领域。团队可能在该重要领域缺乏沟通，或者该领域存在交付效率低下或不及时现象。找到痛点，确定根源，并以头脑风暴的方式进行沟通。

5. 建设性互动

建设性互动

团队成员之间有进行建设性互动的明确承诺。团队避免批评、防御和指责。团队会很好地给予和接受反馈。冲突被视为发现、成长和创造的机会。

如此我们就很清楚了：团队效用模型中的"建设性互动"这一因素不仅是为了处理团队冲突，它真正的意义在于为团队成员之间的建设性互动创造条件。最根本的是，团队在进行任何互动（哪怕最艰难的对话）时都要保持一致的注意力——尊重、开放、有目的性，并且最终相互具有建设性。

一个明显的例子是关于定期提供和接收有质量的反馈的能力。这是一项重要的团队技能。通过多年来对团队的观察，我们发现很多团队并不是很重视反馈，尽管他们认为反馈确实很重要。造成这种现象的最常见原因是"没有时间"。在工作忙碌且"压力山大"的情况下，人们很容易错过互动的机会，通常是因为互动会让人很尴尬或不舒服，而这种尴尬或不舒服是因为团队可能没有明确和尊重的反馈协议。即使有，团队也不会定期练习反馈。

结果，反馈的时间永远被人们推迟到一个"更合适的时间"，而情绪压力在黑暗中不断增长。因此，当我们听到"我有一些反馈要给你"这句简短的话时，接下来的反馈就不是一个建设性互动的练习了，它已经变成了一个建设性冲突的练习，因为人们的情绪已经压抑了太久太久。

重要的问题不是如何建立团队环境来避免、减少或消除冲突，而是如何有效地管理冲突中可能产生的力量和内在能量、激情、承诺和勇气。考虑到这一点，请确保在沟通中保持冷静，因为接下来团队将陷入动荡：团队冲突。事实是，如果你的目标是成为"高绩效团队"，那么你不可能避免沟通中的重重困难——不经历风雨，就无法见到彩虹。人们每天所面临的商业环境带来的暴风雨天气永远比晴朗和舒适的天气多得多。看一眼你的工作世界。你的公司今天"天气如何"？

遗憾的是，太多的团队如此厌恶冲突，他们浪费太多的时间和精力来试图绕过冲突。这种策略是可以理解的。所有人都见识过冲突的不利方面。直面暴风雨有很大的风险。事情可能会失控，尤其是在冲突具有很大的破坏性的情况下。所有人对此都记忆深刻，都曾经因此而全身遍布伤痕。

从理智上讲，我们可能知道认真的辩论、不同的观点甚至争吵，在小组和团队中都是正常的。人们担心的是，分歧会升级或变得个人化，团队内会发生对抗行为，一切都会脱轨，最终结果是对团队协作能力造成不可弥补的损害："我们完了。"

所以人们会退缩以保持和平。他们绕着热点问题打转，生怕踩到"地雷"。发生这种情况时，团队会为"不惜一切代价地寻求和平"付出高昂的代价。他们错过了从混乱中获得灵感的机会。团队中的分歧、异议和冲突是不可避免的，也是有用的。当人们关心工作时就会产生冲突。我们想要的是团队成员互相关心的团队。冷漠只能导致消亡。

我们认为，优秀团队的标志是他们学会了如何在不使事态失控的前提下从冲突中提取能量。建设性互动代表了一种团队能力：以一种具有建设性的方式，充分利用富有挑战性的对话和讨论中所发生的互动的能力。学会如何运用此能力的团队能探索更多的选择，做出更好的决策并更具创新精神。有能力面对剧烈冲突的团队会变得更坚强、更从容。

冲突基本上有两种。

1. 职能冲突：这是指人们在任务、问题、想法、原则或流程方面的分歧，有时被称为认知冲突。
2. 关系冲突：这是关于个人或价值观的冲突，人们争论谁对谁错，专注于获胜，有时被称为情感或功能失调冲突。它关注人（参与者），并且可以迅速升级为攻击、指责、煽动性言论，这正是团队最害怕的一种冲突。

> **职能冲突案例**
>
> 团队一致认为当前完成某项目的时间表是不合理的，并且就其原因达成了共识。团队成员在如何使项目按时完成方面有很大的分歧。每个团队成员对解决方案和顺序都有强烈的意见。
>
> **关系冲突案例**
>
> 在与上述职能冲突相同的场景下，团队只会因为当前的混乱而互相指责，并且喜欢翻旧账，找出其他延迟的项目带来的老问题。团队成员会直接点名、强调级别或专业知识，争论谁对谁错。

在职能冲突中，很明显，富有挑战性的对话对团队有利。在关系冲突中，人们的出发点是个人利益，通常侧重于非团队问题。

人们在冲突中的对话气氛清楚地表明了冲突的类型。在这两种冲突中，人们都有非常强烈的激情、热情和信念。在职能冲突中，人们会感觉更加坦诚、更想参与；会议桌上有更多的空间，而且所有的争论都指向团队目标。不管冲突有多严重，人们的目的地都是同一个——实现团队目标。当然，职能冲突并不意味着冲突会令人愉快。冲突毕竟是冲突，人们多少会感到不舒服。

关系冲突则是排他性的，而不是包容性的。在关系冲突中，人们感觉封闭、紧绷、受伤和被孤立；感觉很危险，有潜在的破坏性；感觉没有前进到任何有用的地方。

处理冲突的程序

以下是用于处理冲突的几个步骤,可以重复使用。

步骤一:尽早开始。冲突在爆发之前,只是一个细微的刺激。它可能是一个小小的误解、不同的期望或不一致的假设。你可能遇到过这种情况:你对同事感到很生气、很沮丧,但当时因为太忙而无法解决问题。这种刺激是一个信号,用于检查冲突产生的潜在原因。如果刺激持续存在,通常会引发"炎症"和"疾病"。对应的"解药"通常是提出一个要求。应对这种情况的要求是什么? 如果团队成员允许早期信号恶化,就会在团队中一点点积攒负面能量,使冲突逐渐升级。当然,并不是所有的团队冲突都遵循逐渐升级的周期。

步骤二:有意愿。团队要采取主动,做出承诺。即使处理冲突让人感到不舒服,也要坚持。这一步可能是六个步骤中最重要的。对团队成员而言,采取主动是对建设性互动的个人承诺;对团队成员或团队来说,这也是一个明显的信号,表明双方达成的建设性协议是被尊重的。

步骤三:寻找需要达成一致的地方。考虑不同的或相反的意见(如果讨论中存在不同意见的话),即使这些意见只有很小一部分是正确的或有用的。找到双方的共同点,即使这个共同点微乎其微,也要尝试在这一点上达成一致。

步骤四:倾听不同的观点。让团队成员站在对方的立场上思考问题,并尝试代表对方的观点发言。你能从中学到什么?练习同理心。

步骤五:倾听对方的理解。练习主动倾听,把对方说的话总结一遍。这样一来,自然会减慢信息交换的速度,并且有可能缓解沟通中热烈或紧张的情绪。它还有助于建立同理心。

步骤六:寻找解决方案或行动。表现出大度和宽容。打破思维定式,探索新的想法。这将有助于扩大可选择的范围。

在对话过程中,团队成员应:

- 力争倾听尽可能多的声音。
- 陈述自己的立场时要尽可能提出问题,提出开放式的、充满好奇的问题,并要求对方澄清问题。

- 在此过程中，不时地表达对对方的认可和欣赏。

值得注意的是，在不同的文化中，团队处理冲突的方式看起来会完全不同。每个人对待冲突都有一个理所当然的、根深蒂固的方式；而且假设每个人都知道如何表现。作为教练，了解不同文化团队的基本规则很重要。在具有多种文化规范的跨文化团队中，在冲突下工作尤其具有挑战性。因此，揭示那些潜在的假设并从团队的角度进行对话就显得尤为重要："我们要为团队制定哪些指导方针呢？"

建设性互动的好处

冲突并不是总能被解决，但可以被管理。这是团队冲突过程的主要价值。即使团队成员之间的信任度并不稳定，团队也可以信任该过程。采取周全的团队冲突管理方法可以帮助人们度过冲突中的混乱时刻，解决棘手的问题，加强团队韧性、信任和一致性；让团队成员了解到他们可以充分参与冲突，可以将自己的想法、激情和信念带到团队中。

冲突是不可避免的。问题在于，团队如何才能最大限度地利用它？如何才能使团队在管理冲突方面的卓越表现成为团队的价值，并且团队中的每个人都为此感到骄傲？

> 我们曾经与一个特别可爱的团队一起工作。团队成员一起工作好几年了。他们认为自己知道愿意参与辩论和分歧的价值——事实上他们团队中从来没有发生这种情况，所以他们才如此断言。为了利用冲突可能产生的潜在优势，他们决定在团队会议中创建一个反对者角色。大家轮换充当这个角色，因此没有一个团队成员被该标签困住。这种创造性的设计为担心和怀疑提供了发声的机会，并迫使团队在立场和理由上更加严谨。这个角色的作用得到了团队的认可，很明显，持反对意见者是在代表团队工作，而不是针对团队或任何团队成员。这也使团队之间的对话更加活跃。

对话启动

- 当团队中出现冲突时，团队成员之间有哪些默契？
- 不能触及的话题是什么？
- 选择一个团队或团队成员有效处理了棘手的分歧的情况。是什么促成了这次成功？这一经历中的哪些技巧可以应用于其他类似的情况？

建议的团队活动

- 对即将开始创建新的行为规范的团队而言，一个很好的开始是围绕以下两个问题进行讨论：你对冲突有何看法？你对冲突的假设是什么？
- 团队可以在提供和接收反馈这一领域进行建设性互动。花一些时间来制定有关这一互动过程的规范和协议，并为具体实践建立框架和问责制。
- 能够区分健康的职能冲突和有害的关系冲突的团队，可以通过创建一个暗语或手势向团队成员发出信号：“我们可能已经越界了。”团队成员如果认可这一暗语或手势，便会向团队发出信号，要求降低冲突级别并回到更安全、更有成效的对话中。例如，某足球俱乐部球迷选择"黄牌"作为他们团队的暗语；某团队创建了一个代表"超时"的手势，作为他们的战术框架。

6. 价值多元

价值多元

团队思想开放，重视不同的想法、背景、观点、个性、方法和生活方式。多样性在团队中至关重要。

团队的核心优势之一是多元化能为团队的整体绩效带来价值。当团队重视并允许多元化存在时，他们会通过发挥每个团队成员的独特贡献来最大化团队的潜力。团队的多元化有许多明显的、公认的优势，包括广泛的经验和专业知识；多角度的创造性思维；丰富的想法和可能的解决方案组合。如果管理得当，多元化可以为企业带来效益。相关研究也清楚地证明了这一点。

但是，仅仅简单地组建一个多元化的团队并不能保证该团队能从中受益。人们对多元化这一事实的关注比较多，而对如何使其成为团队能力的关注比较少。就像有效沟通、信任或积极变革一样，有些团队在这些方面的能力天生就比其他团队强一些。要发展价值多元这项能力，需要对多元化及其在团队中起作用的原因进行更深入的了解。人们需要扩大对话范围。

组织倾向于从可视的角度考虑多元化：性别、种族、国籍、年龄和身体素质。这是一个重要的关注点，同时也带来了一系列挑战——要获取这么多且完整的信息并不容易。但是，在团队层面，这些只是多元化冰山的一角。团队成员在各个方面都有不同之处，如：

- 教育。
- 经验。
- 背景。
- 价值观。
- 角色（包括正式和非正式的角色，以及团队成员如何内化这些角色。世界上没有一模一样的两片树叶。同样，世界上没有完全相同的两名领导者、工程师、设计师）。
- 沟通方式。
- 决策方式。
- 解读信息和处理冲突的方法。
- 其他不同之处。

通常，除非这些差异在沟通中显现出来，否则人们根本无法意识到它们的存在。在如此多的差异中，尤其是在大部分差异都隐藏在人们的观点背后的情况下，团队如何以协作的方式完成工作呢？

可以从这个角度理解多元化：有两种强大的力量共同起作用。一种力量是归属感，即与"像我这样的人"在一起工作。这是一个安全的环境，让人感觉很舒服。但是，过分强调归属感会导致顺从、遵守、掩盖或掩饰差异的压力。人们可能看到团队成员面带微笑，简单地附和对方的想法。过分强调归属感就会导致同化。

另一种力量是独特性，强调"珍视我是谁"。过分强调独特性有其自身的风险，可能导致冲突、孤立，并且团队成员无法团结起来。

使多元化发挥作用的关键是能够建立归属感和独特性这两种力量之间的平衡。这不仅是指简单地理解差异，更要创建一个有包容性的容器，在这个容器中，不仅容纳所有声音，而且邀请、鼓励、分享各种声音，以实现有效的协作。归属感和独特性分别像梦想家和实用主义者：前者快速决定和思考，后者深思熟虑；前者想要一切井井有条，后者在不确定性中茁壮成长。不要只是简单地接受，如"哦，好吧，如果必须做"。不仅要默许，而且要积极承认、邀请、鼓励和认可多元化。重视多元化就是要欣赏每个贡献者的独特性，并将其视为团队整体实力的关键。

多样性是对状态的一种描述。包容是允许行动中存在多样性，也是优秀的团队让多元化发挥作用的方式。结果就是，团队创建了包容的文化，团队成员有归属感，因为他们被包容了，尽管存在各种各样的差异。当包容性成为归属感的关键时，归属感和独特性这两个方面都能得到尊重。实现了这一点，团队就可以释放潜力。多元化还是团队生活的小乐趣。

如果用一句形象的话来形容多元化团队，那就是，一个优秀的多元化团队更像一份蔬菜沙拉，而不是奶昔。

对话启动

- 你认为这个团队重视多元化吗？举个例子。对于每个例子，请描述多元化不同的贡献。描述要尽可能具体。
- 从 1 分到 10 分来看，这个团队在归属感和独特性方面的得分如何？是否更接近同化和孤立？
- 这个团队正在发挥哪些无形的多元化力量？在决策力这一因素上讨论多元化的力量。

建议的团队活动

- 鼓励团队倾听"边缘的声音"。这些声音不一定非要被接纳或拒绝，但是简单的倾听行为及让这些声音知道自己被听到、被关注是很重要的。
- 一些团队在会议上会有意识地要求人们发表不受欢迎的观点。例如，"还有哪些事情没人说或没人问？"提出这些问题会增强团队的包容性，这会产生让你惊讶的结果。

□ 玩这个游戏："如果＿＿＿＿＿＿在这里，他会说……"把大家都认识的、拥有不同意见或观点的人的名字写在横线上。这个人可以是组织中的真实人物，如 CEO 或研发主管；也可以是其他任何人——无论这个人是真实的还是虚构的。例如，"如果拿破仑在这里……""如果白雪公主在这里……"

7. 乐　观

乐　观

团队有一个鼓舞人心的共同愿景。团队成员相互期待，相互欣赏。人们很少愤世嫉俗、悲观、无助、绝望或沉溺于过去。

在七个积极性因素中，乐观可能是最难在支持和保卫方面发挥作用的因素之一。你可能会被视为一个"没有思想"的思想家或感情用事的人。你可能会被贴上盲目乐观、与现实脱节的标签。有人认为乐观主义更像陈词滥调，不能真正解决问题。你几乎可以听到他们的呐喊："不要站在一边为我加油打气，不要一味地用微笑来鼓励我。我正在努力解决实际问题。我不需要啦啦队。"但是，乐观并不是要避开现实或假装一切都好，不是在遭遇困难时吹着欢快的口哨。相信团队有能力应付任何困难的乐观精神，实际上是一种直面黑暗的力量。

乐观的真谛可以归结为一个简单而有力的事实：我们创造了更多我们相信的东西。人们积极寻找那些能证实他们信念的证据。对团队和个人而言，都是如此。举个例子，当你脑海中有一个声音说"这注定要失败"时，你肯定能找到一大堆证据。如果你相信这个声音，那么所有失败的证据都是你自己制造的。而如果一个声音说："我们应对过比这更大的挑战并取得了成功。"这句话就蕴含了夺冠之心。团队中也有这两种声音。回想一下你加入过的团队，你就会知道这是真的。

我们与团队一起工作的四大指导原则之一是："团队有能力实现卓越的绩效。"你可能会说这是乐观的表达。你说得对，但事实不止于此。这是我们的立场。作为教练或团队领导者，如果你不相信这一点，你就会去寻找证据，证明团队没有能力实现卓越的绩效。

乐观是一种心态。它不仅是指积极向上，还包含信心和承诺的核心。它并不只存在于顺境之中。在逆境之中，在暴风雨中，乐观也会蓬勃发展。实际上，当你身处逆境时，乐观决定了你是继续坚持还是放弃。

乐观是向前看，展望未来。乐观者会满世界寻找可能性。乐观的团队具有韧性、积极性和创造力。他们相信，"我们可以找到方法"。

乐观既是团队中某些条件的标志，也是潜在的能量"场域"。乐观建立在团队成功的基础之上，通常出现在共同面对和克服困难或挑战之时。获得成功的团队会更加乐观地认为他们有能力渡过下一个难关。乐观不是成功的保证，而是一种态度，这种态度更有可能促进成功。

> 在图 3-1 中，可以看到七个积极性因素的排序。图中显示了"双高"团队和"双低"团队在这七个积极性因素上的得分。从图中可以看出，"双高"团队特别擅长建设性互动、信任和乐观。高绩效团队有能力面对冲突，保持高度信任，并相信团队的内在力量。

因素	"双高"团队	"双低"团队	差异
尊重	7.9	5.1	+55%
同事情谊	7.7	5.2	+49%
乐观	7.6	4.8	+58%
价值多元	7.5	5.2	+45%
信任	7.4	4.7	+58%
有效沟通	7.3	4.7	+57%
建设性互动	7.0	4.5	+57%

"双高"团队在积极性因素上的平均得分比"双低"团队高53%

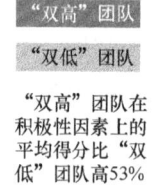

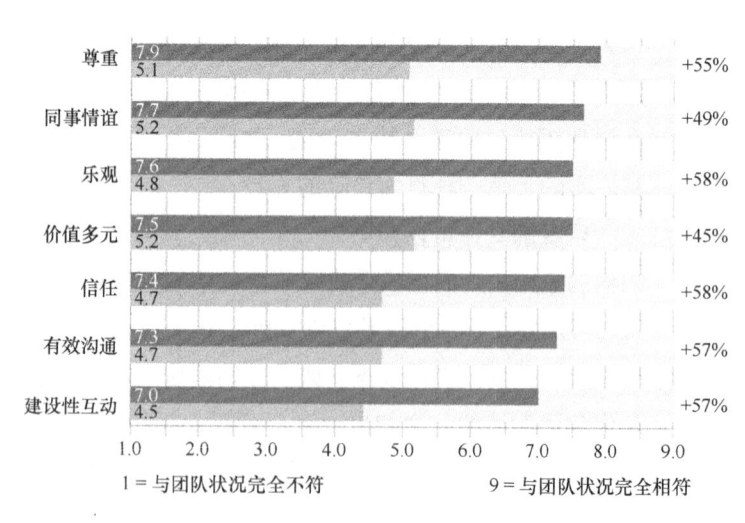

1 = 与团队状况完全不符　　9 = 与团队状况完全相符

图 3-1　在"双高"和"双低"团队中积极性因素的排名和百分比差异
（整体和按每个因素）

资料来源：TCI 团队诊断™ 数据库，该数据基于 2008—2017 年的 3 000 多个团队。

我们关于乐观的结论不只是另一种乐观的观点。研究表明，当人们拥有积极的心态时，他们会更有生产力和参与度。乐观的团队倾向于面对挑战，相信自己有能力取得成功。乐观的团队冲突更少，一致性更高。态度、士气、文化——无论你怎么称呼这个词，只要它是积极的，就能带来业务成果。

好消息是，乐观主义者可以通过"简单的选择—按照选择去生活—再选择"这一流程来学习。真正乐观的团队相信自己有能力取得成功，因为这种信念不是一厢情愿，它取决于所产生的结果。拥有信念是美好的，也是必不可少的，但仅有信念是不够的。重要的是采取行动，即使迈出成功路上的一小步，也可以加强乐观和承诺。信念是自我实现的预言，所以建议你明智地选择自己的信念。如果团队认为他们的处境是艰难的、失败的、混乱的，而且是无法避免的，那么团队就会遇到这些情况，并不可避免地产生更多相同的经历。如果团队相信自己有能力、有独创性、有韧性，就会收获更多成功。

对话启动

- 乐观的团队会带来哪些业务收益？请注意，这个问题可能会揭示团队对乐观的信念，也可能会揭示团队对乐观可能带来的好处的认知。
- 是什么使这个团队更乐观？你会在这个团队中看到和听到什么？
- 这个团队在积极的团队态度的影响力方面的信念是什么？这种信念的影响是什么？

建议的团队活动

- 选择一些近期特别具有挑战性的团队情况。可以选择一个由于意外的变化而导致的、超出团队控制的情况。当团队开始处理这种情况时，团队的乐观水平如何？它是如何随时间变化的？这也可以作为一个练习，用于探索团队成员以前参加过的类似事件。

总　　结

这七个积极性 TPI 都是独特的，同时又是相互依存的。任何一个因素的改善都会自然地影响其他因素。例如，更好的沟通可以建立信任；建立一种自信乐观的团队文化可以减少冲突；重视多元化和包容性可以增进尊重等。

  这七个 TPI 是揭示团队当前状态的指标。它们也是团队可以建立能力的领域。当团队专注于在这七个方面培养能力时，他们会采取行动，然后从行动中学习。随着时间的推移，团队将建立强大的、积极的互动，从而改善业务成果。

第4章
团队教练的基础

高效团队模型告诉了我们一个优秀的团队应达成的目标,即把高生产力和高积极性的特质融合在一起。本章是团队教练的基础工程,将阐述团队教练与其他团体活动的区别,定义什么是"团队",以及澄清在团队教练过程中不同参与者所发挥的作用。本章以我们坚信的核心指导原则作为结尾,这些指导原则构成了有效团队教练的基本框架。

不同团体工作方法的区别

团队建设、团体引导、团体教练和团队教练,这四种形式的团体工作方法既有共同的基础,又有各自独特的目的和方法。有关定义这四种工作方法及教授每种方法的图书和相关培训课程很多。显然,这里的简短阐述只是对这四种工作方法的一个概述,以便让你看到它们之间的重叠部分,以及它们之间的区别。

团队建设

典型的团队建设是一个一次性活动。其目的是从体验式活动中创造学习机会。团队成员参与到活动中,就活动体验进行交流,以收集和总结团队成员从经验中学到的关键点。团队建设的活动形式多种多样,其中一些对学员的体力有较大的挑战性。从团队学习和发展的视角来看,最好的团队建设活动都是以团队动力的某一方面为重点而设计的。换句话说,每个体验活动背后都有一个清晰的学习目标。

例如，团队建设的目的是建立更强的信任，体验清晰的计划和目标带来的价值，创造一个机会去了解当角色、责任或领导力模糊不清时，团队会发生什么，或者体验相互支持和协作的好处。

很多团队领导者都是在参与团队建设和团队发展活动的过程中脱颖而出的，他们对这样的活动非常熟悉。作为团队的领导者，当他们看到自己的团队需要更多的凝聚力和有效性时，他们会从自己的经验中寻找方法，这是一种很常见的选择。

虽然活动经历可能很吸引人，甚至很有影响力，但当团队回归工作后，这种体验和学习往往会被日常工作中的高压和忙碌所淡化。如果没有一个整合学习的过程，通常人们仅会留存一份美好的回忆，而在团队如何互动方面几乎没有实质性的改变。如果团队建设活动过后什么都没有改变，在一味追求结果的压力下，团队成员有可能会抱怨这是在浪费时间。

团体引导

传统的团体引导是一种特殊的方法，旨在帮助团队通过一个特定的问题来到达一个解决点。引导师扮演的是一个基于流程的中立者角色。引导师有一套特殊的技巧来鼓励团队成员参与，同时把流程向前推进，疏通流程，最后达成共识、取得成果。一个团队的引导过程通常有一个特定的、一次性的目标。

即使这个引导过程需要不止一次会议，其针对的也是一个有着明确目的的单一问题，团体的注意力在于到达解决点。一个有经验的引导师会积极鼓励全员充分参与并管理对话的流程。

团体引导还有一个好处。随着引导师的引导去体验，团队能够针对自身的表现达成共同的目标。例如，他们可以发现团队成员之间是如何倾听的，或者团队是如何应对具有挑战性的对话的，但是这个学习收获相对于引导的目的来说是次要的。

团体教练

团体教练和团队教练之间的简单区别在于参与者如何参与教练过程。从本质上来说，团体教练是个人在团体的环境下接受一对一的教练。在一个团体里，大家对达到个人目标有一个共同的兴趣点，也许还有一个共同的教练话题，如领导力发展，但这个团体内部没有相互依存的关系，团队成员彼此之间没有从属关系。团体教练是在相互支持的环境下为个人提供教练体验的一个有效的方法。

团体教练课程一般按照一致的、商定的时间表进行。每个团体成员都有各自的教练目标。有些时候，团体教练可能包含成员之间互相教练，即将团体成员两两一组，彼此进行额外的一对一教练。

团队教练

团队教练的目标是提高团队绩效。在教练过程中，团队会就他们所面临的问题进行对话和交流，探讨解决问题的路径和方法，以达到解决问题、实现目标的初衷，与此同时，还会强调团队从中学到了什么。团队教练的工作重点在于提高团队动力，即帮助团队在工作中变得更有技巧、更加高效和足智多谋。

团队教练过程会在预先安排好的时间段内进行，根据团队提升的需求，教练内容可能包括团队建设活动和相关的技能培训，也可能包括围绕某个团队需要帮忙解决的具体话题而进行的团体引导。

团队教练也是充分利用体验所产生的影响的理想方式。精心设计和实施的团队建设活动可以对团队和团队成员产生强大的影响。这些活动能够触及团队成员的情绪和身体层面，这是在通常的培训课堂或日常的团队对话中很少涉及的。将团队的体验融入新的团队行为而产生整合效应是团队教练的关键，也是团队建设和团队教练互补的原因。团队教练提供了一个持续的架构，可以帮助团队挖掘学习点，并为团队实践所学到的经验教训提供方法和途径。

四种团队工作方法的重叠之处

四种团体工作方法使用相似的技巧，如倾听，意识到团体动态，引领一个流程的同时保持灵活度，明确目标，创建安全、有挑战性和鼓励的环境。它们的一个关键区别是看负责团体工作的这个人的关注点在哪里。

1. 在团队建设中，关注的是体验，以及团队或个人从体验中学到了什么。
2. 团队引导通过利用群体工作流程的技巧，帮助团队做出适当且有用的决策，或者把问题带到一个清晰的解决点。
3. 团体教练的过程就是明确个人目标，并为个人实现其目标提供支持的机制和方法。
4. 团队教练是一种旨在改善团队互动方式、提高团队业务成果的方法。

定义团队

也许你还记得前文提到的团队照片的比较：一张几十年前的团队照片与今天的团队照片的对比。几十年前，自上而下、等级分明的管理模式被普遍接受，这种模式足以满足当时的工作节奏和工作流程。无论过去还是现在，团队的成长都要经历不同的阶段。布鲁斯·塔克曼（Bruce Tuckman）的团队发展阶段模型自 1965 年提出至今已有 50 多年了，当时有一种合理的预期，即团队将在一起工作很多年。因此，团队发展的四个阶段，即形成期、磨合（冲突）期、规范期和执行（成熟）期基本上是一个可预见的发展顺序。当今的团队也会经历同样的四个阶段，只是当今团队经历这些阶段的速度之快，就像这四个阶段同时连续发生一般。

那张多年前的老照片呈现了一个完整团队的样子，将其定义为"完整"的团队其实完全没有必要，因为这是当时唯一的团队模式，一个标准的团队的样子。而如今，无论在我们身边，还是在学术研究中，关于跨部门团队、虚拟团队、敏捷团队、矩阵团队、网络化团队和分布式团队的信息比比皆是。在供应链、全球化、技术不断变化的世界，以及在不懈地追求速度和成效的大背景下，团队架构创新是大势所趋。

传统意义上认为的团队定义的参考信息来源，在每个层面的每个方面都已经发生了变化或调整。过去，团队习惯在会议室里开会，一开就是一小时。然而现在，你可能会看到大家站着就可以开一个 15 分钟的会议，或者分布在全球各地的团队成员通过不同的设备（笔记本电脑、台式电脑和手机）连接起来，跨越 12 个时区参加团队的周会。很多豪华的业务厅都实现了 Wi-Fi 连接。欢迎来到团队的新世界！

本章从定义团队开始。事实上,"团队"这个词已经不足以描述组织中日常使用的多种团队形式。团队不断适应战略方向的转变,快速重组以适应市场和组织的变化,团队成员,包括团队领导者在内,也处于快速、持续的变化之中。

团队规模

我们的数据显示,一个工作团队的平均规模一般在 10 人以下。高管团队的规模更小,一般为 6~8 人。项目团队的规模则大一些,通常在 14 人左右,但这一数字包含了在项目过程中进进出出的团队成员。事实上,人们对团队规模并没有明确的共识,更不用说最佳团队规模了。我们不会就团队的定义达成一致,因为这本身没有任何意义。与团队合作的关键是更多地理解团队工作的流程,而非界定团队形式和规模。

这里有几个例子来说明这个观点。在一场发现团队教练需求和可行性的对话中,团队领导者说其面临的一个挑战就是团队规模。我们问:"多大?"他回答说:"120 人。""真的吗?"虽然我们见过各种各样的团队,但是他的回答仍然让我们大吃一惊。不过,我们并没有试图去更正这位团队领导者对于团队的认知,相反,我们对这个挑战充满好奇。很显然,这位团队领导者使用了组织术语来定义团队,所以我们开始学习使用客户的语言,而不是坚持用我们自己的语言。显然,在这个组织中,当提到一个 120 人的"团队"时,没有人表示质疑。

根据我们的经验,当团队规模超过 12 或 15 人时,就应该寻找嵌套式的团队,即团队中的团队。当更大的团队出现时,我们通常会视其为"元团队",以此来区分工作规模的大小。即使元团队也可以呈现出团队身份、共同使命、互相依存和对结果共同承担责任等基本特质,还可以从 14 个生产力和积极性因素的测评中获益。显然,与一个关系相对亲密的 8 人高管团队相比,对一个元团队进行教练,在后勤安排和互动方面存在着巨大的差异。

第二个例子与一种团队形式有关,我们称其为"跨边界"团队。它描述了这样一种场景:团队通常被分成代表不同组织的两个阵营,或者可能是同一个组织内的不同部门。对这些跨边界团队来说，其中一个潜在的挑战是他们可能存在竞争性的工作优先顺序，事实上这种情况经常发生，这种根本性的差异往往导致"双输"而非"双赢"的行为。

一个典型的案例来自一家广告公司。在团队中，一边是广告代理方的客户/创意代表，另一边是来自客户方的产品与市场部人员。他们显然拥有一个共同的使命且相互依赖，但是文化差异和不同的工作优先顺序削弱了他们作为一个整体进行有效协作的能力。

如何区分工作组和团队

在接受了团队形式是千变万化的这一事实之后，我们希望在此提出相关的指导原则，而不是给团队下一个刻板的定义。为了让团队教练符合目标，我们还希望找到明确的方法来区分团队动力和工作组动力。

我们摒弃了"非白即黑"或"水火不容"的思维模式，更准确地说，我们把团体和团队视为一条连线，线的一头是团体，另一头是团队，对它们没有任何关于谁好谁坏的评判。最终的问题是："这种团队形式能够实现目标、满足需求吗？"对个体成员的委任更多地取决于需要完成的任务而非任何武断的定义。

从要实现的目标出发，工作组与团队最主要的区别特征是：完成这个目标需要团队成员之间相互依赖，还是这个结果可以由各个团队成员独立地完成？对团队来说，产出是个人努力和团队努力共同作用的结果。

例如，给一个工作组分配一项写一本书的任务，每个人负责单独的章节。这个结果是个人贡献者努力的集合。由此，一个咨询顾问组也是一个工作组。

一个团队的工作结果更像一支管弦乐队的演奏。在管弦乐队里，有不同的组成部分，各部分共同组成一个整体，演奏音乐。每个部分为整体做出独特的贡献；在不同的时间段，不同的部分有不同的功效，但又保持整体的一致性，因为在这场演奏会中，大家有一个共同的身份和目标。项目团队就是一个最佳的团队示例，因为他们有一个共同的身份、明确的共同使命，以及为了完成项目而存在的相互依赖关系。

还有几个用于区分工作组和团队的方法，具体如下。

目标设定。在工作组中，关注点主要在个人目标上。对团队来说，有个人目标，也有共同的使命感和认同感，这样可以使团队成员在实现团队目标的过程中取得集体成果使命感和身份感。

责任承担。在工作组中，责任承担趋于个人层面；在团队中，除了个人责任，还要意识到对团队目标的共同责任。一些组织在个人绩效衡量的基础上还定义了团队的 KPI。

会议目的。对大多数工作组来说，开会的目的是汇报各自的进展，并在必要时调整对成果的承诺和截止日期。对团队来说，会议目的包括：分享信息、讨论、合作；从团队层面做出决定或提出问题；人们可能对团队目标及如何实现这些目标有不同的意见。

监管/领导力。对工作组来说，工作的流程是垂直的，存在于领导者/经理和工作组成员之间。水平方向的互动是最少的、事务性的。对团队来说，工作流程是水平的和垂直的，有效的关系规范对团队效率非常重要。

与清楚地理解这些差异同样重要的是，如何回答关于"合适性"的问题：对不同的具体情况，哪种形式是最好的？作为一个工作组或团队在一起工作的好处是什么？

许多高级领导团队以跨职能工作组的形式运作。"团队"中的每个成员都非常独立，人们几乎只专注于个人垂直方向的责任及其领导的团队。更强的相互依赖关系可能不是绝对必要的，但肯定是有好处的。通过共享最佳实践和多元化技能、视角、洞察力，更有协作性的工作具有提高团队绩效的潜力，从而使团队变得更强大。

需要注意的是，在一些高级领导团队中，团队成员之间有时存在一种不言而喻的"甩手"协议。他们会保护各自的领地和地位。他们想回避干扰，对他们来说，协作看起来可能有点像失去控制或独立性。

最后需要说明一点，没有一个模型可以回答什么是"最佳"形式。正如我们所说，团体和团队是一条连线，一个团队最适合的工作形式就处于这条连线上的某个地方。

谁需要加入团队

当团队中的所有重要成员都参与进来时，一个有效的团队发展流程才能发挥最好的作用。这一点似乎是显而易见的。但关于应该将谁拉进团队，人们却不是那么清楚。有些人在团队里工作很多年后，发现自己竟然没有被列入团队成员名单；而有些人对于自己被列入团队成员名单感到很吃惊。这种情况太多了。

决定谁应该参与团队发展流程可不只是在组织架构图上简单地勾出几个名字那么简单。

以下一些问题可以帮助决定谁应该参与团队发展流程：
- 为了让团队完成使命，谁需要参与学习和发展流程？
- 如果团队面临一个重要的转折点，需要什么样的技能？谁拥有这些技能？
- 为了使团队实现最佳运行状态——不仅是为了完成手头的项目或解决某个问题，更是为了团队能够持续有效地运行和不断提高绩效，必要的沟通点在哪里？

这里有一个案例，一个高级管理团队在按照上述几个问题仔细审查时，发现团队成员名单中明显漏掉了一个人——团队行政助理。他位于团队沟通的中心，对团队每天面临的压力极具洞察力。这位行政助理提供了其他人没有的重要视角和实战经验。

澄清角色

角色、责任和关系组成了团队教练的基础结构，而且由于团队教练对团队来说可能是一项新工作，因此澄清各个角色尤为重要，而且越早澄清越好。这是一个机会，可以设计一个基于共同理解、诚实探索和承诺的有效工作关系。

教练的角色

教练的角色定义了与团队合作的特殊方式，这种方式不同于团队平时经常使用的工作方式。

个人教练现在已经在组织中广为人知。关于它的价值可能存在各种观点，但对于这种形式本身，人们还是非常熟悉的。团队教练有许多相同的基本属性：议程、行动、责任承担和结果都属于团队本身。接受个人教练和接受团队教练会有很多不一样的体验。个人教练是隐私的、一对一的对话；团队教练是在团队成员之间进行公开对话，人们会表现出一定的脆弱性。

在教练模型中，教练的角色主要集中在问询、提问，而不是指导、告知上。通常表现为教练如何提出探索性问题、如何观察团队并寻求反馈。因为团队成员更熟悉咨询模式——分析、评估、解决问题，因此团队也会假设团队教练的角色与此类似——采访团队、分析问题，并针对所发现的问题提出解决的建议或指导。

同样地，一些没有其他任何团队教练经验的团队和团队领导者在考虑团队教练时，也会想到体育教练。但两者有本质的区别。体育教练是积极地管理团队，决定团队方向，决定谁上场、谁不上场，此外还有一个很重要的教学功能。在商业环境中，这种错误的认知会给团队教练的角色带来潜在的误解，这也是尽早检查假设和澄清期望的原因。

对一个团队来说，认识到团队教练的主要关注点是团队的动力（团队之间是如何互动的）这一点非常有用。这也是发挥团队效能和优势的地方。值得注意的是，教练是一个变化的过程和系统，和团队一样，天生抵触变化。团队抵触变化是正常的，因此，教练作为变革的推动者，有时候不是很受欢迎。对团队教练来说，一个重要的角色是创造和帮助维持一个安全的环境，在这个环境中，团队成员可以投入到有意义的、有时候带有风险或挑战性的对话中去。

在团队教练中，被教练者是团队，而不是团队的发起人。团队教练是为了支持和拥护整个团队，而不是团队中的某个成员或团队领导者。在整个团队教练过程中，团队成员可能会变化，会有新人加入或有人离职，甚至团队领导者也会换人，但是团队教练的承诺依然是团队的有效发展。

简单地说，团队教练为团队提供了结构、支持和授权，使团队能够参与关键对话，从而带来一个新的、更有效的行为，提高业务结果。教练是一种催化剂，在这个过程中有重要的贡献。教练的主要角色是学习和过程的促进者，让团队为其结果负责。

团队的角色

在教练模型中，工作的核心是在教练的指导和支持下，团队成员之间发生的对话。团队的主要角色就是"站出来"，全心全意地投入到团队的对话中。在教练的方法论中，团队负责设立议程，讨论可选项，对行动步骤做出决定，以及采取他们承诺的行动。

教练方法的一个好处是强调团队要为他们自己的结果负责。当团队主动进行选择和改变时，团队的流程和结果都将获得内在的支持，团队将获得更多资源，更加负责。

团队领导者的角色

因为我们的团队教练方式是以系统为基础的，所以我们认为团队领导者有一个特殊的功能性角色，也是系统中不可缺少的一个部分。团队领导者负有领导方向和最终决策的责任；团队领导者也是团队成员。团队领导者的这两个固有角色要求其在团队、团队教练和团队领导者之间的关系上寻求必要的平衡。一方面，需要明确的是，变革是团队自身的需求，而不仅是团队领导者的指令。另一方面，不可避免的是，团队领导者在权威和级别方面与团队成员有差异，特别是在公开的团队对话中。对这种平衡保持敏感是每个人——团队领导者、团队教练和团队成员——的责任。

组织的角色

组织与团队教练项目的结果有明显的利害关系。教练是组织对团队的一项投资，组织理所当然地期望从这项投资中获得回报，并期望成功的团队教练项目能够发挥"传染"作用，触动其他利益相关者的关系，并推动整个组织的学习。

这里有一个矛盾：组织希望得到一份教练报告，以便了解教练流程和结果，而团队对教练过程有保密性需求，只有这样团队成员才会足够开放和诚实。不论个人教练还是团队教练，在保密性原则的保护下都会更有效。我们坚信，所有需要向组织汇报的行为都应该先征得团队的同意。如果团队成员对这样的汇报有后顾之忧，他们就会退缩，教练过程的潜在好处就会被最小化。

四大指导原则

有效的团队教练建立在一套信念之上。在团队教练工作开始之前，这些信念会形成一种心态。它们反映了人们对团队工作的假设和期望。以下四大指导原则构成了教练工作的坚实基础。

原则一：团队的存在是为了产生结果

团队有其使命，即团队存在的意义。一个组织依赖团队取得某些基本结果。这个使命及使命的结果与团队中扮演角色的人无关。不论团队做了什么改变或调整，采取了什么行动，最终都是为了实现团队的使命。然而，假如团队将注意力更多地放在个人或团队关系而非使命上，就会忽视团队存在的意义。

在团队教练过程中，会出现将注意力放在个别团队成员或少数群体上的现象，其目的是达成结果，实现团队使命。但是，这并不意味着"为达目的不惜任何代价"，特别是以牺牲人力成本为代价，因为这将破坏团队的可持续发展，并最终损害整个团队产生结果的能力。可以说，在最佳团队中，人们对团队的崇高使命都有明确的了解和承诺。

原则二：团队是一个鲜活和持续发展的系统

加入"鲜活"一词在此有着重要的意义，与此形成鲜明对比的是，汽车发动机也是一个系统，是一个拥有众多部件且彼此相互依存的系统。司空见惯的是，关于团队的理念是基于传统的机械工作模式的，如出现故障，首先是找到故障部件，然后不是修理就是更换，从而确保发动机能够正常运转。在英语中，甚至有一个"像上了润滑油的机器一样运转流畅"的俗语来形容团队。关于团队的最新理念是将团队视为人体系统，也正因为如此，其自然处于动态发展变化中，不断适应外部的变化，团队成员彼此产生摩擦，而摩擦如果使用得当又会成为团队需要的能量。

团队本质上是无序的、混乱的，这也是团队必须经历的一个阶段。团队有自身的价值观、过去、现在和未来。当新成员加入团队后，不出两周，他就会对团队的个性和特点了然于胸。

对人体系统和团队系统来说，将"高效和可持续"等同于"上了润滑油的机器"的观点未免显得有些狭隘，因为"上了润滑油的机器"顶多是运转流畅，而与使命毫无关联。

作为一个鲜活的生命系统，团队有其固有的生存本能，这可能是个好消息，也可能是个坏消息。好消息是，在充满挑战的今天，生存本能可以支撑团队度过困难时期；坏消息是，在一个不良系统中，生存本能的自我保护机制可延续非健康状态。简单地说，这个系统既可创造走向成功的条件，也可产生导致失败的条件。对此人们深有体会，在很多团队中，都有一个不言自明的生存规则："在这里，事情就是这么做的。"人们必须遵守这些潜规则，否则最终将面临出局的风险。健康的人体系统总是在不断发展，产生新想法、新项目、新愿景，它们是包容的、有生命的。

原则三：团队成员渴望所在团队高效，并对其做出贡献

本原则需要在一个大背景下进行阐述。马斯洛需求层次理论指出：个体只有在满足最基本的需求，即生存需求和个人安全需求之后，才会追求自我实现和成功。人们并不一定把"团队成员"作为一辈子的抱负。其实在组织中，个人的第一需求——生存需求仍然是排在第一位的。因此，原则三是人们建立团队的真正原因。

数字化连接加速了全球化的影响，当今团队成员越来越少地面对面交谈；同样，个人的活动也被电子邮件、短信和即时通信取代了。办公室里饮水机的社交角色已经变成了过去式。这种以牺牲人际关系为代价的对生产力和效率的一维驱动与人类的社会属性背道而驰。在压力下，人们对自己作为一个有目标的群体的一分子的感觉正在减弱。但人类的本质决定了人们天生喜欢在同一个社区、部落或团体中生活。数百万年来，人类为了一个共同的目标而合作，无论是为了猎食、建造房屋还是把新产品推向市场。

考虑到人类的群体属性，个人更喜欢在成功、高效的团队中工作是完全有道理的。它满足了人们对包容、安全及做出有意义的贡献的渴望。团

队教练所做的大部分工作就是消除障碍，营造支持性环境，让人们真正履行这一光荣使命并创造卓越的绩效，团队也能因此变得优秀。

原则四：团队内部拥有足够使其卓越的资源

原则四看似有些抽象和大胆，但事实证明，它是一个实实在在的操作性很强的具体实践。为了弄清我们为什么秉持这一立场，以及坚持这一原则能带来什么影响，我们不妨后退一步，假设团队根本没有足够的使其变得卓越的资源，看看这样可能会有什么后果。

当团队缺乏资源时，从操作角度出发，人们持续关注的是能力缺失、弱点突出及团队无法执行的证据，并以此为出发点去寻找解决问题的方法。团队在一个认为"我们永远无法变得卓越"的氛围中运行。在这种心态下，团队就出现了预期效应：如果你认为结果会失败，那结果一定会失败。

换一个角度，如果充分信任团队，相信其拥有卓越的创造力、丰富的资源和足够的能力，就等于创造了一个积极向上、充满信任、鼓励追求卓越的氛围。人们在一路上遇到的任何挑战都被视为创造性回应的机会，而非再次失败的证据。

这是一个大胆的想法——团队有方法使自己变得卓越，并有能力实现这些方法。当团队怀有这样的信念并赋能于团队时，团队就会以不同的方式看待自己。人类与生俱来的创造力会得到鼓励和回报。团队会变得积极主动。如果团队紧紧握住这条信念，就会在不断变化的环境中变得更灵活，在面对挑战时更有韧性。团队能够学习如何更有效地合作，并在学习中持续良好地运营，这一结果远远超出了团队教练最初的目的。

总　结

团队教练仍然是一种相对较新的服务方式；对组织来说，这是一个需要探索的新领域。人们渴望了解这个流程及其带来的潜在好处。对教练从业人员来说这也是一个新领域。针对团队发展这个主题，有一个潜在的普遍假设："这有什么大不了的？"一个团队就是一个团队而已，大部分人都在团队待过。

团队发展应该是一个相当简单和自然的技能培训、团队团结或实现更好的人际关系的过程。这些都是团队发展旅程的潜在部分，但通往这些地方的道路却远没有上述的假设那么清晰和简单。

过去 10 年的经验告诉我们，要持续澄清，建立更好的理解，与团队一起揭示那些隐藏的阻碍团队进步的假设和期望。本章为团队教练的建立提供了坚实的基础。下一章我们会讨论团队教练的流程，通过该流程，团队可以从当前位置向着他们的目标位置迈进。

适合团队教练的练习

- 想象你正在会见一位团队领导者，这位团队领导者对团队教练很感兴趣。他问你："在这个过程中我的角色是什么？"你将如何描述团队领导者在团队教练过程中的角色？你预估团队领导者会关注哪些方面？你如何回应？
- 从你自身的经验或想象中思考一些关于从工作组到团队这条连线的具体例子。如果这是一个虚构的团队，就给这个场景设置一名成员、一个结果，以及一个监督或领导这个结果的领导或管理职位。你注意到哪些区别能改变工作组和团队在连线上所处的位置？
- 反思本章对教练角色的描述。你还想补充什么？对一名高效的团队教练来说，需要哪些重要的特质？

适合团队领导者的练习

- 谁在你的团队里？考虑你团队成员名单之外的那些人。哪些人是完成你的团队使命所必需的关键人物？对那些不在团队成员名单上的人，他们的重要贡献是什么？
- 谈到团队的成员身份，我们习惯上会考虑性格和技能的结合——团队成员能为团队带来什么。另一个重要的观点是个人对团队学习日程的重要性。团队成员是如何对持续学习做出贡献的？还有，寻找那些通常不在团队成员名单上的人，他们可以为团队学习做出贡献。他们可能是利益相关者。

- 如果你带领的团队超过 12 人，对身为团队领导者的你来说特别的挑战是什么？从团队成员的角度来看，挑战又是什么？
- 你会把你带领的团队放在工作组和团队这条连线上的什么位置？在你看来，团队当前所处的位置是否"最适合我们所负责的工作"？团队是如何在这条连线上移动的？是什么导致了这样的移动？影响又是什么？

第5章
创建模型——团队教练在行动

好！ 现在我们知道了是什么让一个团队变得优秀：优秀的团队在14个因素方面表现卓越，组成了一个强有力的生产力和积极性的融合体。那么现在问题来了：如何根据我们学到的这些知识去创建一个优秀的团队呢？

优秀的团队之所以很优秀，原因有很多：团队成员一起工作时的感受、同事情谊、成就感、共同努力、工作中的乐趣，以及团队体验带来的持久的联系。这些优秀的团队名副其实，这是一个简单的事实。这样的团队非常罕见。大多数团队都表现不佳，没有发挥他们的潜力。因此，组织有理由关注团队当前的表现与理想状态之间的差距。

从组织的视角来看，同样令人担忧的一个问题是：所有这些优秀的团队都是偶然创建的。正如我们之前提到的，这不是一个可行的长期商业策略。组织一直在寻找一个可靠的、一致的、可以提高任何一个团队的绩效的方法。

我们这里提出一个可重复的流程，该流程可以从生产力和积极性两个方面提高团队绩效，而且可以在组织中支持各个团队。通过干预，让一个陷入困境的团队恢复正常运作，或者让一个团队到处工作，这属于团队分类，而不是一个有远见的商业策略。如果90%的团队都没有实现他们的潜力，那么组织范围内就需要一个系统的流程，从而可以让任何团队从中受益。

我们描述的这个流程是一个变化的过程。为了改善团队协作的方式，团队成员需要相互学习和时时实践新的行为。这就是选择一个包含支持和责任承担的教练模型的原因。在教练中，人们理解变化——重大的和可持续的变化是随着时间的推移而发生的。像团队建设或"更好的沟通"工作坊这样的一次性活动可以提高人们的意识和洞察力，但组织的相关报告证明，这些活动的效果并不能持久。没有持续的支持，人们很快就会回到旧世界。

学习一个新的行为需要花时间。人们从自身改变习惯或学习新技能的生活经验中可以了解到这一点。现实却是人们没有太多的时间。

个人教练和团队教练的关键区别

在我们谈论具体流程之前，先弄明白教练是在什么背景下发生的。一种方法是把大家更为熟悉的个人教练经历与团队教练发生的环境做一个比较。你将发现，除了共同的基本属性，两者在影响教练和被教练者如何互动方面有着明显的区别，具体如下。

基本教练能力和技术

现在，教练对人们来说是一个实现个人和职业发展的常用工具。随着人们对团队教练的兴趣日益提升，自然而然会出现一个问题："团队教练有什么不同？这种教练方式对有效交付意味着什么？"事实上，个人教练和团队教练有很多共同点。两者所使用的基本教练能力和技术很相似。个人教练技能术语表也适用于团队教练，但由于从一对一转换为一对多，团队教练将发生相关的变化和调整。第6～第10章将介绍更多关于团队教练能力和技术的具体细节，所有的内容都是我们从超过20年的个人教练和团队教练经验中总结出来的。

教练第一步

个人教练和团队教练的其中一个关键区别点在于教练开始时被教练者的态度。对个人来说，从一开始就有很强的承诺，即使后来承诺有所动摇。对被教练者来说，他想通过教练会议做出改变或实现目标，所以他雇用一名教练来帮助他实现这个目标。在个人教练中，教练的价值是显而易见的，也是因人而异的。

相比之下，当和团队一起工作时，人们对团队教练的预期可能有各种不同的态度和反应。有人渴望教练，有人无所谓，有人持怀疑态度，有人被动甚至主动抵制教练，有人则冷眼旁观，还有人对为什么要进行团队教练怀有疑问，会怀疑教练动机和教练过程。对某些团队来说，他们可能有一种潜在的被评判的感觉，从而引发防御心理。

团队教练往往是从团队的各种五花八门的态度开始的。有些团队会一定程度地遵从，但不太可能一开始就全身心地投入。大家知道，信任和关系的连接是有效团队教练的关键，需要花费时间和精力去创建。这个从"各种态度"到"更多的一致性和参与度"的转变点在团队合作一开始可能难以捉摸，但随着时间的推移，在教练过程中人们会逐渐找到转变点。

关注点

两种教练方式的关注点不同。对个人教练来说，关注点是未来的愿景，是被教练者想实现的某些事。被教练者寻找实现目标的垫脚石，而且这属于私事。

对团队教练来说，更关注那些影响团队绩效的关键的、对时间敏感的问题的现状。教练的背景也与个人教练不同，团队教练针对的是业务方面。

教练环境

为了使我们的工作有效，我们作为教练的部分职责是创建一个支持改变的环境：一个安全的环境，能够促进个人或团队成员更深入地参与和对话，并愿意展现脆弱的一面。对于个人教练，只有一种关系需要考虑，在教练中达成共识是一件简单清晰的事。

在与团队的合作中，需要面对多个层面的关系。教练和团队之间有着明显的关系，因此需要设立期望、发现假设、明确角色。教练环境还包括团队成员之间的关系。为了创建一个安全的团队合作环境，团队内部需要有一种安全的氛围来进行勇敢的对话。这意味着需要创建一个支持安全环境的团队协议，不断实践这个协议，使其保持鲜活并具有相关性。

教练和团队领导者之间也有一种特殊的关系。通常是团队领导者发起团队教练并提供最初的背景信息。团队教练对这位团队领导者负责，甚至对整个组织负责，这种关系不同于教练与整个团队的关系。有意识地去设计这些多重关系对团队教练的成功非常关键。

对话结构

在个人教练中，被教练者直接和教练对话，无论是虚拟的还是面对面的对话。而团队教练是使用一套基于系统的方法与团队一起工作，教练当然会倾听个人的声音，也会通过个人的声音间接地倾听系统的声音，并倾听团队对话之外的声音。

团队关注当前的问题，而团队成员对这个问题有不同的立场。当团队投入到对话中时，教练观察并倾听团队是如何互动的，寻找对团队绩效有影响的、重复出现的动力。

需要明确的是，倾听团队的声音与努力达成共识是不一样的。有时候团队中的工作环境就像一段由混乱的、冲突的音符组成的音乐。团队教练的工作不是让这段音乐更和谐——如果团队认为这一点是重要的，那么这将是团队的工作。教练的工作是突出那些使这个独特的团队保持和谐的音符的多样性。在团队教练中，教练的目标是揭示各种声音，包括那些不受欢迎的和被边缘化的声音。教练鼓励不同的声音并强调多元化。对教练来说，这是一个代表团队展示出好奇心的机会：当你使用两种非常强大且明显相反的方式来解决这个问题时，团队是什么样子的？

影响力

在个人教练中，对话是隐私的、保密的、一对一的。对话简单且有效。一个教练问题引出一个答案。一个问题对应一个回应。

在团队教练中，对话是公开的，而且可能是尖锐的、脆弱的。这也是为什么如此强调要围绕团队对话创建并整合协议，它有助于形成一个真正开放、坦诚和富有成效的团队对话所必需的心理安全。

在团队教练中，有一个重要的、基本的转变——从对话转向讨论。教练的提问是用来发起团队对话的。最终的价值是在团队成员之间创建积极的、富有成效的对话，因为这是团队工作的开始。当团队大多数时间都是在和教练交流、解释或吐槽，而不是团队成员之间互相交流时，教练就要注意了,可能是时候改变教练流程了。教练可以简单地说:"告诉你的团队成员你想让他们知道的事情。"

值得注意的是,有时候,团队成员会感觉与教练进行对话更容易、更舒服,而与其他团队成员之间的对话可能更具挑战性。

复杂度和持续变化

个人教练和团队教练的另一个关键区别在于每件事情的复杂度。对于同一件事情,一个 10 人团队会有 10 种不同的意见、10 个不同的议程,以及不同的个性、期望、优先级和沟通方式。

它有可能表现为这种情形:教练对团队正在讨论的问题很敏感——这似乎是团队无法解决的重要的长期问题。同时,教练也觉察到他们在这个环节的议程处于哪个位置:这个环节大概比预订时间晚了 20 分钟。教练正在跟踪团队负责的行动项目,他觉察到团队中有一股停滞或抵触的能量,同时留意到有两名团队成员正在窃窃私语。在团队教练中,教练的注意力经常同时被拉向多个方向。教练需要立即选择什么时候及如何互动,因为互动的时机转瞬即逝。

在这简短的一段叙述中,我们已经确定了教练在那个当下可能会做的事情,当然也有许多其他可能性——没有现成的答案。好消息是,不论教练选择什么,都会有关于如何工作的即时反馈,以及关于继续走当前这条路或选择另一条路的信息。

团队教练永远在当下和团队"共舞"。这是教练的本质——无论个人教练还是团队教练。在团队中,我们会随着团队的音乐起舞,音乐中时不时会有一些冲突的音符,而且音乐常常变化。这是团队协作的本质,这也是为什么团队协作就像跳舞一样,需要有非常高的敏捷度。

流程总览

一个成功的团队教练项目有三个阶段。

阶段一:探索发现和评估。 通过探索发现和评估,明确团队的当前状态;让团队参与设置优先次序、行动计划和团队责任。

阶段二：持续的教练。 一个团队教练流程时间表致力于获得更多有效的团队实践。持续的教练提供了一个支持改变和学习的结构，以实现团队目标，提高团队结果。

阶段三：完成和下一步。 在团队教练旅程的最后，团队回顾学习，衡量结果，庆祝团队实现的结果。然后展望未来并计划下一步。

阶段一：探索发现和评估

探索发现

团队教练流程始于一场关于探索发现的对话，以了解团队的情况，并探索这种情况是否适合这次团队教练。这场对话通常是教练与团队领导者之间的会议，有时是与人力资源代表之间的会议。这场对话用于确定团队需求与团队教练可以交付的内容之间是否存在一致性。如果两者能够很好地匹配，探索发现阶段就会引出一个教练项目的提议或会议纪要，用于阐明教练目的、流程和期望的结果。探索发现阶段奠定了整个团队教练过程的基础，所以在这个早期阶段确保人们对教练的流程和期望的结果有共同的理解是非常重要的。团队教练的影响和价值将根据这种早期的理解来衡量。

另一种探索发现过程包含与团队成员进行一对一访谈或与整个团队进行小组访谈。这将更具包容性，并能更加宽泛地了解目前的情况和问题。它还可以让教练直接观察到团队行动的动力。根据我们的经验，访谈通常是在测评阶段进行的，即在团队教练项目的预算获得批准后。

探索发现阶段涉及收集关于团队组成情况的基本信息，以及团队寻求团队教练背后的团队状况。但除了信息收集，还有更多的东西有待发现。探索发现阶段通常包含关于教练流程如何进行的培训，包括明确团队教练、团队和团队领导者的角色，以及如何服务于整个组织的利益。

这场对话的另一个重要方面是强调揭示假设和期望，如果团队领导者或发起人没有体验过团队教练，这一点就更加重要了，即使他体验过，这一点也很有用，它有助于在项目早期帮助人们学习什么是最有效的、什么是最无效的。

探索发现阶段有两个基本目的：一是发现需求，二是确认团队情况与团队教练的适合度。

发现需求。 根据我们的数据，人们之所以参与团队发展项目，有很多潜在的原因。以下是几个典型的原因。

- 遇到合并/收购/重组。需求是加速团队成员的融合过程，从而让团队更有效。
- 团队表现不佳。需求是明确团队问题，创建一个改善计划，设定具体目标并监控进展。
- 要完成关键任务。这是项目团队的典型例子。时间和金钱——往往是大量金钱——是最重要的因素。医疗保健团队的发展也是个典型例子，因为团队工作经常而且可以不夸张地说关乎人的生死。
- 团队刚刚组建。一个新组建的团队也是团队教练的最佳对象，可以通过团队教练为团队创建一个假设的极限图，并从一开始就创建一个致力于卓越表现的文化。

显然，团队教练对团队情况有一个清晰的了解是很重要的。同样重要的是，在这场对话中，团队教练的任务不仅是单纯地记笔记，还包括探索、好奇。例如，"这真是团队的问题吗？还是个人的问题？或者是一个被个人问题掩盖的团队问题？"一个完整的探索发现过程是超越看到的团队现状而发现团队中隐藏的压力和挑战。

这场对话可能是完整的、直接的，但它构成的画面仍然是不完整的，因为其他团队成员通常不包括在这场讨论之中。虽然它是初期项目协议的基础，但它只代表了一个人的观点——团队领导者。尽管这个观点是有价值的，但不可避免地会带有偏见，因为它来自团队领导者的领导经历和对团队绩效的期望——特别是当前这个团队的绩效。探索发现阶段建立了一个起点。测评阶段会更加包容，使对话更深入，并提供更清晰的内容。

确认团队情况与团队教练的适合度。 要解决适合度问题，应先回答这两个简单的问题：为什么要进行团队教练？为什么是现在？

通过第一个问题可以找到进行团队教练的原因——至少从团队领导者角度来说。这个问题也可以帮助团队领导者解释其对团队教练可以交付的结果的假设和期待，这就创造了一个机会去澄清并建立对流程和结果的可行的期待。

探索发现阶段还有第三个目的，这是探索发现过程附带的一个结果。通过这种早期对话，教练会自然地与团队领导者或发起人建立关系。团队领导者在探索发现阶段会展现出一定程度的脆弱性，分享一些团队所面临的问题。教练和团队领导者的关系会影响后续几个阶段，因为团队会观察教练与团队领导者是如何互动的。

测　　评

一旦在合理的需求和匹配度上达成协议，下一步就是评估团队当前所处的位置——澄清团队的优势和需要提高的方面。这一步最后会形成一个团队发展行动计划。教练的目的是帮助团队从他们当前所在的地方移动到他们想去的地方，也就是从 A 点移动到 B 点。那么显而易见的问题就是："A 点在哪里？我们从哪里开始？"有不同的方法可以创建这个"起跑线"。

一个常用的方法是与团队成员进行个人面谈，或者为了提高效率，也可以进行小组面谈。私人的、一对一的对话可能更加坦率，因为对话是私下的而不是公开的。由于教练与团队成员在个人对话中固有的私人联系，个人面谈能在早期建立一定程度的关系和信任，这可能是一个强大的基础，有助于建立具有挑战性的团队教练工作。

个人面谈也有缺点：它们耗费时间，有时会成为团队成员发泄和抱怨的阀门。但这也可以测试教练保持中立和好奇心的能力，因为面谈过程非常个人化。面谈过程也可以使教练承担起解释面谈中的回应及决定团队发展方向的责任。

面谈的另一个选择是使用匿名的团队测评工具，它可以获取所有团队成员的输入，描绘团队画像，显示出团队在哪些方面很强大，在哪些方面还需要继续学习和发展。该团队测评工具是由 TCI 的联合创始人菲利普斯（本书的作者之一）开发的，目的是方便和快速地创建整个团队的画像，以便顺利开展团队教练工作。

在线测评工具 TCI 团队诊断™以本书描述的优秀团队模型为基础，所有团队成员都从集体和团队的角度回答问题，如"我们团队有明确的目标""在我们的团队中，我们倾向于避免冲突"。测评完成后，将输出一张清晰的图，显示团队在 14 个因素中的相对优势。更多关于该测评工具的内容见附录 C "TCI 四种综合测评工具"。另外，许多使用该测评工具的教练也会通过面谈来与团队建立个人联系。他们发现这样可以为与团队一起工作建立一种关系基础，能让教练在工作开始前就对团队有很多了解。

启动教练流程

团队教练流程的启动可以为与团队的后续合作创建一个坚实的基础。最佳实践是和团队召开一个初始会议，在会议中为项目提供背景资料，明确角色，设定期望。这个会议给了团队领导者一个机会去定位团队教练计划的重要性，特别是对这个团队的重要性，同时也强调团队领导者的支持。对虚拟团队来说，这个会议可能是一个为时一小时或 90 分钟的介绍环节。如果团队成员可以见面，可以花几小时、半天甚至一整天。

理想情况下，这个环节是在团队见面、看到和讨论测评结果之前进行的。但事实上，它通常是在测评流程开始之前进行的。我们也认识到，这种理想情况不一定总能出现。在时间和工作的压力下，有时团队教练只能通过邮件形式和团队互动并解释相关的流程，这绝非理想的选择。对团队和组织来说，团队教练项目的投入是一项重大的投资，而初始会议中相关流程的介绍对于确保团队教练项目的成功是非常有价值的一个环节。因此，我们强烈建议投入时间和预算去做好这件事，做到投资收益最大化。

设计工作关系

整个团队教练流程中的首次教练工作坊的议程安排取决于之前团队介绍会议中所涵盖的内容。议程可能包括为重申开展团队教练项目的背景和重要性，或者简要回顾一下对不同角色的期望。

这个流程包含创建教练和团队之间关系的一致性，明晰团队领导者的角色。如果团队希望向组织领导层汇报，可能还要和团队讨论汇报流程和团队进展。最重要的是，这一步将为团队成员之间的互动设置指导原则。我们常常说衡量这项工作成功与否的标准是团队成员之间对话的质量和勇气。只有高质量的对话，才能真正启动团队工作。

揭示测评结果

现在可以揭示团队的现状，界定团队基线了：团队当前处于 A 点。当教练邀请团队对他们在一起工作的有效性给出一个坦诚的评价时，团队往往会自然而然地倾向于关注哪些是无效的，而忽略了哪些是有效的，这一点不足为奇。在观察是否可以畅所欲言的安全程度时，团队通常会保持安静，或者他们在等团队领导者先发言，这也很正常。

显然，揭示团队确定的、需要改进的领域很重要。同样重要的是，团队要清楚地认识到什么是有效的。团队在这些领域的优势可以作为杠杆去影响那些需要改进的领域。例如，团队可能在有效沟通方面的得分较低，或者抱怨沟通不畅，但在责任承担方面得分很高。结合这两个方面的信息，为团队就改善沟通方式而设定目标和具体做法，然后借助团队在责任承担方面的天然优势去提高这个关键领域。

该步骤基本上会产生两个结果。一个是在团队成员中产生一次投入的、开放的、坦诚的、有创造性的对话，对话内容包括那些会影响团队取得成果的能力的动力。这不是一个泛泛的讨论，如"信任对团队的重要性"，而是通过观察特定的情况和团队行为来指出团队认为信任在哪些方面发挥了作用，哪些方面缺乏信任及缺乏信任的原因，或者哪些情况在持续地破坏信任。

另一个结果是，意识到团队之间的互动模式。事实上，团队如何处理这次对话反映了团队如何管理其他对话。团队动力是公开的、可观察的。这对教练来说是有价值的洞察，对团队来说也非常有价值，因为团队能够对他们习惯的互动模式有所觉察，并就此可以对他们想要改变什么做出选择。

在投入关于测评结果的对话的过程中，会有一个自然的动力在团队中产生，从注意到标准操作模式及其对团队绩效的影响，转变为对那些需要做出改变的领域采取行动的渴望。主要目标是更好地理解团队的动力，以及这些动力是如何影响团队重要的特定方面或问题的。一个想提高决策力的团队之所以做出承诺，不是因为他们想获得更高的分数或认可，而是因为一个差的决策会直接破坏团队绩效。这可为团队提供一个机会，让他们明确在决策过程中哪里会出现故障，以及为什么会出现故障。

制订行动计划

在教练过程中，会自然而然地从宽泛地探索各种可能性发展到明确目标和行动步骤。意识到团队动力，特别是当这些动力影响团队优先事项时，是有价值的，但这样还不够。使用教练模型时，我们期待从谈话转向行动。

行动计划是一份列出了改变内容的议程。可以将此视为一张团队旅程地图。地图上有两条路。一条是"团队的工作"——团队负责的业务结果；另一条是"对团队进行工作"——团队的动力。当团队开始它的旅程时，团队就在澄清它能给这个流程带来什么优势。评估阶段就像在地图上插了一颗图钉，表明"我们现在处于哪个位置"。现在是时候展望未来，确定团队成员未来想成为什么样的人，并为实现这个目标制订计划了。

倾听团队成员彼此开诚布公地谈论各自的工作情况是非常有价值的。这是教练的核心：丰富的、坦诚的、能让团队深度参与的对话。这是一个混乱的过程，当团队成员最终可以在一个安全的环境中分享各自被压抑的意见、需求和渴望时，场面很容易变成一种情感宣泄。教练和团队可以创建一种环境，在这种环境中，团队成员可以安全地发表意见，感觉到自己被看见、被听到。这样的环境将使整个教练过程服务于团队。

阶段二：持续的团队教练

提供支持改变和学习的结构，以实现团队目标、改善结果，让团队负起责任。

在团队实现有效结果的过程中，这一阶段可以将好的想法和意图转化为现实生活中每个人都能看到的日常行动。持续的团队教练工作坊为改变提供了支持结构。持续的团队教练可以使团队目标保持正确的方向，并使团队参与到流程中来。

这些持续的团队教练工作坊的架构和团队教练的频次根据团队的需求和可用性而有所不同。大多数团队选择在 4~8 个月内，每月进行 2~3 小时的培训。如果教练过程少于 4 个月，就不足以让团队整合新的行为。一些团队希望进行更长期的教练辅导，每次团队教练间隔更长的时间，一些教练也喜欢更长的教练流程。但是经验表明，过少的持续教练频次会使团队失去动力，忘记练习，而日常生活中"繁忙的事务"会占据优先地位。有固定的时间表是保持团队发展动力的关键。

我们更倾向于面对面地进行团队教练，但如果因为团队成员的地理位置比较分散而无法实现这一点，那么视频会议就成为次优选项。成功的网络在线形式的团队教练肯定需要对团队成员进行额外的培训。一个真正的以网络在线形式进行的团队教练需要思维方面的转变。与典型的电话会议相比，这是一种非常不同的体验，有着不同的、更深层次的目的。团队教练为此设定了更高的标准，需要参与者保持在当下带着更强的专注投入到团队教练中。而对于大多数人都熟悉的电话或网络会议来说，只要些许注意力便足以应付了。

团队教练的重点：行动与学习

为了持续跟进团队教练对团队有价值，从而使团队保持或建立一个较强的参与度，团队教练必须与团队的日常经历密切相关，这一点非常关键。在持续的团队教练中的所有工作都应该能引领团队不断发展，使团队在交付改进的业务结果和创建更协作、更可持续的环境方面获得显著的改进。

只有在团队能够带来重要结果的情况下，实践新技能和新行为才会变得有价值。如果改善沟通是团队的目标，那就应该有一个清楚的和令人信服的理由。核心问题是：关注这个领域（这里指沟通领域）将给团队带来什么影响？为了实现改进，团队成员需要用一种新的方式进行互动。只有当他们体验到新的结果，以及有意识地关注团队从这个过程中学到了什么时，他们才有继续参与的动力。并不是所有的新举措都能奏效，了解什么对团队无效非常重要。作为一个团队，采取行动和从行动中学习都是建立新的团队优势的关键。

将行动和学习这两个平行的目的结合在一起的最佳方法之一是让团队针对一个重要的、当前面临的团队问题进行讨论。作为团队教练，你的角色是跟踪团队的互动，并向团队反馈或回放你观察到的团队互动。这将帮助团队以全新的视角看待团队成员之间的互动，让团队意识到什么有助于团队发展，什么阻碍了团队发展，并支持团队学习新行为的过程。对一个团队来说，这是一种理想的情况，在这种情况下，团队成员致力于做重要的、及时的、相关的工作，并练习新的协作方式。这不是团队互动的角色扮演，而是团队在经历了严酷的考验之后产生的真正结果。

> **教练环节中的行动与学习示例**
>
> **团队：** 资深领导团队、金融服务组织、IT 运营支持。
>
> **问题：** 当基层出现问题时，经理和主管会把问题解决工作逐步升级到领导团队中。领导团队需要授权（并在必要时培训）与问题最相关的人员。
>
> **挑战：** 把问题升级到高层是组织文化的一部分。
>
> **流程：** 团队每个月集合一次进行团队教练。议程中包括团队与教练讨论这个重要问题的时间。团队教练的角色是观察团队的流程和互动。教练能够不时地进行干预，以强调相关模式和角色。最终，教练与团队进行了简短的交谈，告诉团队他们注意到了什么，以及可以把什么带到日常的团队互动中。
>
> **关键转折点：** 在这个团队中，人们能够直言不讳，但并不总能达成一致意见。团队成员认为他们有权采取强硬的立场。然而，教练留意到，每当相关主题临近做决定或采取行动的那个点时，团队就会表现出服从团队领导者的倾向。这个典型的例子同样发生在组织内部的其他部门。这个团队想处理的问题实际上也存在于组织高层。这给团队提出了一个问题："除了简单的习惯，还有什么会阻止团队成员主动展现领导力？简单地重申一个观点和保持沉默似乎是这个团队的两种普遍反应。除了这两种反应，团队还能做些什么？"

追踪进展

你以前肯定听说这句话："只有能够被衡量的东西才能得到改善。"设立明确的目标和创立一个行动计划去完成这些目标是成功到达旅程终点的关键。经常检查地图也很有用，可以确保教练和团队走在正确的道路上。从实际意义上说，这意味着要创造一种可以衡量进展的方法。在我们的团队改进方法中，获得的改进可以从两个方面被衡量——业务结果和改善了的团队动力。

最根本的问题是："你如何衡量成功？"设计一个团队跟踪表，关注业务结果和指标。对一些团队来说，这很容易，他们有跟踪措施和团队KPI等。对另一些团队来说，建立具体的、可衡量的指标将是一项新工作。他们将参与一场对话，对话的重点是："我们对组织结果的贡献是什么？我们如何衡量这些贡献？"

同时，对团队来说，跟踪相关领域的改进也同样重要，这些领域可以为团队工作带来更好的协作和更可持续的工作环境。这种团队动力的进展可以用很多方式进行衡量。团队也许会跟踪一个新的实践。例如，某次团队会议结束后，团队成员给团队的决策过程打了1~10分。将所有团队成员的打分平均一下，如果平均分不是10分，团队教练会问："怎样才能让团队的决策过程得到10分？"

与一张好地图一样，跟踪旅程也将为团队提供何时改变路线的信息。最初的行动计划提供了一个方向和计划，但随着团队教练旅程的推进，人们可能会越来越清楚地知道，应该设定一个新的、更清晰的预期结果，这就需要调整线路。跟踪的部分价值在于它带来的对话。当衡量结果时，问题出现了："这一衡量结果告诉了我们什么？我们学到了什么？我们衡量的是正确的事情吗？"

阶段三：完成和下一步

在这个初步的团队教练旅程结束之前，团队会回顾一路走来学到的和衡量的结果，庆贺团队当前到达的位置，然后期待计划下一步。

捕获学习点

从最初的团队教练环节开始，团队通常要在几个月之后才会到达他们的目的地。在完成阶段，需要对这个过程进行总结，这和一个充分准备的、有效的启动一样重要。回顾的价值在于丰富的学习收获。现在团队知道什么可以帮助其向前发展了吗？

衡量结果

我们坚定地相信，应根据初次测评的形式和经验进行新的一轮测评。

这是一种非常有效的方法，可以清楚地衡量团队的进度。即使一些绩效指标出现下滑，关于为什么会发生这种情况的对话也是非常有价值的。这些结果给教练和团队提供了另一个机会去挖掘经验，以进行更加深入的学习。通过衡量，还可以绘制一个新的基线，作为团队发展的新起点。

下一步

一个成功的团队教练过程需要持续数月的投入，以及抱有解决（有时候）棘手问题的意愿，特别是关于团队动力的问题。这是相当具有挑战性的。这样做的回报是建立一个更有效、更合作的团队。当然，也有例外情况。我们有时也会看到团队取得了很少或不好的结果，但是大多数团队都以完成这一步为荣。在开始新的行动计划之前，有必要在这里暂停一下，感谢团队的努力，庆祝团队的学习、进步，以及使团队身份更加清晰。

现在是时候通过设定新的目标来积累经验和学习了。在继续前行的过程中，可能有额外的团队教练，也可能团队会进行自我教练。从团队教练的角度来看，这个过程的目标之一是将"有效提高团队协作能力"的意识和技能移植到团队身上，从而摆脱对教练的长期依赖。下一步是团队教练定期进行某种形式的检查，以保持团队的发展势头或解决出现的问题。有些团队会做年度团队绩效评估，作为团队层面的绩效管理形式。

如果团队还没有要求利益相关方给予反馈，那么在这一阶段提出反馈需求还来得及。反馈可以为团队设计下一步行动提供额外的信息。

团队教练流程案例研究

行业：医学/制药

团队：10人的管理层团队

情形：公司内部重组，两个团队合并成一个团队。合并后的团队存在内部沟通不畅和不信任的历史问题。新团队迫切需要加速融合，把旧问题留在过去，创造一个新的团队身份去提高绩效。

流程：使用TCI团队诊断™测评工具，了解现状，创建行动计划。历时7个月，开展了4次月度团队教练工作坊。团队成员有些变动。后续跟进测评以揭示进展并计划下一步的行动。

> **结果:**
> 生产力亮点如下。
> - 一致性提高62%。
> - 积极变革提高49%。
> - 责任承担提高34%。
>
> 积极性亮点:
> - 信任提高73%。
> - 乐观提高59%。
> - 建设性互动提高55%。

某医学/制药行业团队教练流程案例研究结果如图5-1所示。不是所有的团队都能取得如此明显的效果,但总归有团队能实现。

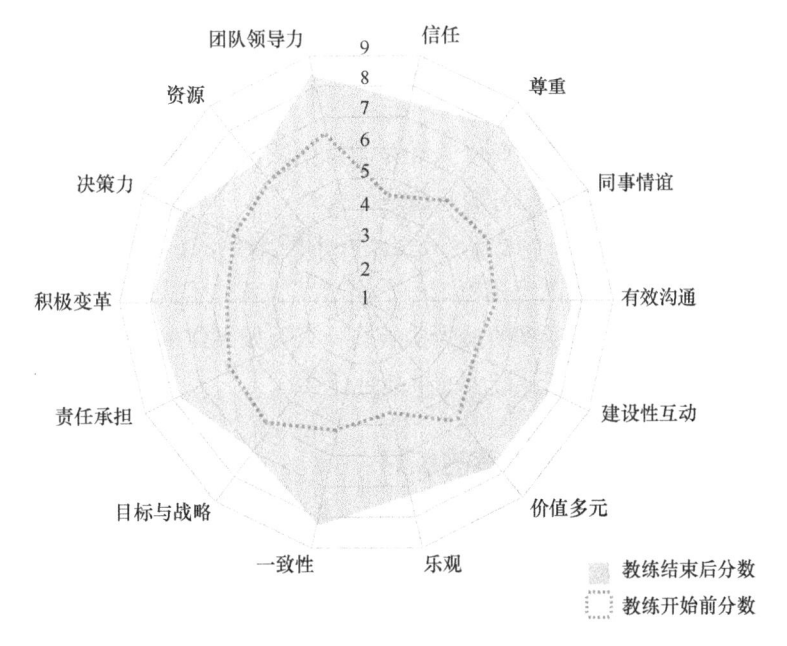

图5-1 某医学/制药行业团队教练流程案例研究结果(使用TCI团队诊断™测评工具)

在完成阶段,团队可以反思在整个教练过程中学到了什么,以及这些收获如何支持团队继续向前。反思和完成对话的过程也有助于团队确定有效的练习和无效的练习,有助于增强团队的身份和共同使命。团队知道哪些收获可以用于下一段旅程,哪些收获仅适用于本次教练。现在是时候绘制新的团队地图了:"我们要从这里去往哪里?""如何让团队对自己负责?"

总　　结

我们以这个问题开启本章:如何根据我们学到的关于优秀团队的知识去创建一个优秀的团队?答案涉及行为改变、学习和练习。对这个过程的理想支持是团队教练模型。该模型结构强调完成目标和达成结果,可提高团队有效合作的能力。建立团队的优势和能力不仅有助于确保团队实现最初设定的结果,还可以创建一个更加敏捷、创新和自给自足的团队。

我们为团队勾画了一个三阶段教练流程。该流程被多个团队使用,并取得了显著的效果,是一个致力于为各类团队交付结果的流程。

适合团队教练的练习

- 无论你是教练个人还是教练团队,根据你的经验,在探索发现阶段最需要回答的问题是什么?
- 你认为一个团队不适合进行团队教练的危险信号是什么?
- 如果你已经在教练一个团队,或者与团队一起工作,在团队转换过程中遇到的最大挑战是什么?如果你主要的教练经验是一对一的,你预计最大的挑战是什么?

适合团队领导者的练习

- 教练模型的基本内容是如何设计行动和学习步骤,最终目的是随着教练进展整合所有新的行为。你如何设计一个团队发展模型并将其应用于你的团队?你认为在这个模型结构中,最需要关注哪些方面?
- 你可以用什么方法来衡量团队的发展?定性方法还是定量方法?
- 基于你对你的团队的了解,为了提高团队绩效和协作能力,这个团队需要做的3~4件事是什么?

第 2 部分

与团队有效合作的五项核心能力

教练一个团队是一项极为有成就感的工作，但教练过程可能非常混乱、动荡、情绪化、令人沮丧、不稳定。团队教练与一对一的个人教练有相似之处，也有很大的不同之处，因为团队教练需要面对一系列独特的挑战。教练一个 10 人团队，可能会同时在多个层面发生各种事情，它们有不同的优先级、个性特征和表达方式。与团队有效合作需要具备一套特殊的能力和团队教练技巧、对复杂关系的觉察力，以及在持续变化的系统动态中仍然可以自信地采取行动的能力。

多年的团队合作和团队教练经验帮助我们提炼出了与团队有效合作所需的核心能力。本书第 2 部分将呈现这些经验和探索的结果。本部分共 5 章，涵盖团队教练的五项核心能力，以及与之相关的团队教练技巧。我们加入了案例故事、练习及教练对话的范例，所有这些都有助于阐明这五项核心能力，并使其变得更加生动。

这五项能力始终存在。团队教练的艺术体现在当你观察团队并与之互动时你所做出的选择之中。这五项能力中的每一项都对团队教练中当下发生的事情有特殊的启示，并为训练你的觉察能力提供了一种独特的方式。

你可以把这五项能力想象成一个发光的五面球体，它照亮了整个团队的生命系统。这五项能力同等重要，它们不是先后发生的，而是同时发生的。团队教练的工作就是了解所有这些信息，并且迅速选择当下需要关注的内容。这五项能力是掌握团队教练技能的关键。

第6章
从这里开始：团队是一个鲜活的系统
团队教练核心能力一：系统觉察

人类是社会性动物。人们喜欢群居生活，渴望归属感，拥有能够探测信号的生物系统，这使人们有能力识别归属于某一群体的必要行为。这是人们的天性。团队就是这种天性的缩影，并自然地形成如何在这个系统中生存的集体规则，而这些不成文的规则并没有出现在员工手册上。团队的新成员是通过观察、犯错或得到表扬来学习这些规则的。对团队教练来说，认识到这一点至关重要，因为系统一直都有掌控权并发挥作用。

基于之前描述的模型，想象你是一名新团队成员，即将加入一个高生产力-低积极性团队。在没有更多信息的情况下，你就知道应该如何适应这个团队了。你会了解团队的文化期待、隐含的奖励体系，以及取得成功的关键行为。

团队成员会学习某种沟通或不沟通的方式。团队会开发强大的、可重复的交互模式。在人们看得见和听得到的表面之下，是团队的运作系统。作为教练，要意识到你正在和一个有生命的系统一起工作，这将帮助你把注意力从个人和一对一的关系转移到整个团队上。理解这个系统影响团队行为的方式，可以为你提供一个更加清晰的画面，让你看到团队的"运行代码"，并找到一种识别影响团队绩效的方法。

意识到团队是一个生命系统——它拥有个性、优势和弱势、行为的保护性规则，这对于有效地与团队合作是至关重要的。团队教练既要观察团队互动的方式，也要深入观察影响团队互动的暗流。团队是一个生命系统，像所有其他生命系统一样，团队会尽力争取最大利益，以求生存。至于团队是高效的还是失调的，这并不重要。让现有的系统能够生存下去才是首要任务。

团队洞察

一位优秀的团队教练就像一位研究团队文化的人类学家，有着无法抑制的好奇心，不带评判地、中立地筛选团队工作的结果，通过观察去理解团队的文化。例如，这样做的价值是什么？团队的禁忌是什么？当这个团队受到真实的或想象中的力量的攻击时，会发生什么？

团队教练学习团队内部使用的语言，并发现团队内部所尊崇的仪式和传统。要想真正了解系统的工作原理，需要熟练使用这个特别的"镜头"，要知道团队每时每刻都在展示自己。我们想说："一个团队处理一件事情的方式，就是这个团队处理所有事情的方式。"仅仅通过观察一个团队在首次参加团队教练时是如何进入房间的，你就可以了解很多关于这个团队的事情。

这里有一个建议：当你观察团队在对话中的互动时，不要只关注对话的内容，还要关注团队成员之间是如何交谈的。倾听他们说话时的声音，然后问自己："这个声音正在试图告诉我什么？这个团队希望我了解什么？"答案可能是："终于可以舒心地对话了。""天哪！我们不敢谈论那个主题。""这件事情现在有点尴尬，而且可能引发争论；通常会有人开个玩笑来缓解紧张。然后我们换个话题。"

团队无法意识到自己的系统特征，正所谓"不识庐山真面目，只缘身在此山中"。团队成员也不会把注意力放在这一方面，他们会把注意力放在手头的事情上，放在个人观点上。他们会关注如何展现自己的立场，也许会试图说服他人支持自己的立场。他们不会调整视角，看见事物表面之下的暗流，正是这些暗流掌控了整个对话。

作为团队教练，你大部分的工作是把团队的注意力转向这些暗流。随着时间的推移，团队开始越来越多地意识到他们互相影响的方式。团队不再有无意识的默认行为。通过把不可见的变为可见的，你可以帮助团队以全新的、更加清晰的方式看待自己。有了这种意识，团队就有能力做出更好的决定。

人类社会，包括各种各样的团队和团体，是自适应系统。这意味着人们可以通过接收和吸收反馈来做出改变。虽然他们并不十分情愿这样做，因为从系统的角度看，改变是有风险的，会给系统的生命带来潜在危险。体内平衡是将团队团结在一起的强大黏合剂。每个人都知道生存法则，即使这些法则会给人们带来痛苦或功能失调，它们依然是团队的生存法则。遵守这些法则会给人们带来压力。

作为团队教练，你是改变的推动者。你的工作就是支持团队顺利通过改变的步骤，这样团队就能表现得更加有效，团队生活也变得更好。有些时候团队教练并不那么受欢迎。做出改变的奖励就是获得更好的个人和团队体验。但这看起来也许很遥远。作为团队教练，有时候你的工作就是提醒团队这样做有什么样的回报，或者帮助团队展望未来，这样团队就会形成内在的驱动力，持续推动团队面对变化。

团队信念

团队系统的一部分经验来源于团队认为什么是可能的、什么是不可能的信念。无论这些根深蒂固的信念是赋予团队力量并支持团队，还是会破坏或限制团队，它们都会影响团队的习惯性选择。以团队的乐观因素为例，你可以看到一个团队在这个因素上的信念是如何影响团队成果的。高绩效团队的信念是："我们能做成！"于是大家就去做，结果通常会成功。

反之亦然。一些团队因为狭隘的信念而步履维艰。虽然没有人说出来，但是在团队中有一些难以逾越的障碍，而这些障碍必须被全员接受。这就像一个低沉的背景音："是的，这行不通。"这些暗藏的信念为团队原有的运作方式提供了持续下去的理由。这些消极的团队信念有一个这样的结构："我们没有……""自从……之后，……就变得不可能了。"

作为团队教练，你经常可以在团队对话中感受到这些信念。他们到达了某个点之后，就无法再前进了，就像把车开进了死胡同。又是这个死胡同！例如，"看起来我们需要与采购部门协作，以争取获得成功。但这纯属浪费时间。""缩短开会时间。好主意！但我们试过，根本行不通。"注意，在缩短开会时间这个例子中，我们得出了一个结论：这不是对过去某项实验的观察。早先的经验现在已经变成了团队的一个信念。在这个例子中，上半句话中有极小一部分是真实的、可以实现的。但是，可能在某个特殊的时期，团队尝试新的工作方法时遇到了障碍，事情进展得并不顺利。随着时间的推移，那极小的一部分就被埋藏在团队牢不可摧的、不容置疑的信念之下，而这信念正在暗中破坏团队绩效。

正如个体会持续创造出他们所相信的事实，团队也在寻找证据来确认他们的观点，而且他们会忽略那些不适用于其观点的证据。每个个体、团队都用自己的宇宙观来解释世界的运作方式。识别并揭示这些信念能让团队有机会评估团队计划和行动。

关注团队的价值观

团队因共同的价值观而团结一致，正如他们因共同的信念而团结一致一样。团队成员的行为受到团队价值观的影响。如果团队重视守时和承担责任，团队成员就会准时、坚持到底。如果某位团队成员没有遵守这些不成文的团队价值观，就会承担相应的后果。

团队价值观是团队身份的自我表达，即"我们是谁""我们不是谁"。如果你深入观察一个团队的选择，你会听到它在传达类似这样的声音："这是我们在这儿的做事方式。"或者"这就是我们对待彼此的方式。"再往更深一层看，你会看到："哦，这就是这个团队的一个价值观。"在对团队进行观察之后，你也许会得出结论："投入行动"是这个团队的一个价值观。

> 团队信念举例：一个竞争对手推出了一款闪亮的新产品，这激发了团队加快脚步开发自己的产品。这里有一个潜在的信念："我们一直在追赶。"
>
> 团队价值观举例：一个竞争对手推出了一款闪亮的新产品，团队召开会议来商讨对策。会议是开放的、包容的、有勇气的。这里有一个团队价值观在发挥作用："我们重视倾听每位团队成员的声音；不同的意见是创造力的健康信号。"

一些价值观并不是特别有用。像"平稳运行"或"不要破坏现状"这样的团队价值观，虽然有助于维护秩序，却不允许有自由流动的开放性讨论和团队需要的建设性互动。

有很多方法可以帮助团队澄清那些独特的团队价值观（区别于公司的一系列价值观）。方法之一是请团队回忆最近一次特别大的成功，可以是一个已完成的项目或决定，也可以是一个非常具有挑战性的情形。然后请团队找到当时支持团队取得成功的价值观，它让团队以坚定的立场达成了结果。

另一个方法正好相反：让团队回忆一次失败的经历。团队在某些让人崩溃的情形下做出的反应能够让他们意识到自己缺失的价值观。这些经历所带来的结果无法改变，但团队能因此懂得践行价值观的重要性。这一洞见可以加强团队的力量，让他们再次面对挑战。

价值观和信念是有区分方法的。团队价值观与系统的运作方式是不可分割的；团队信念却是有条件的，它是心态和思维模式的一部分。价值观和信念都会影响行为，并在团队行为中表现出来。信念聚焦于外部环境，以及团队选择如何回应；而价值观是团队行为的内在编码。

系统的时间连续性

作为一个生命系统，团队拥有过去（或者至少有一个团队创建的时间点）、现在，以及可以预期的未来。由于团队系统是由人组成的，所以时间维度对这个系统具有影响力。

团队有自己的历史。他们有自己的心路历程。这些早期的经历塑造了团队的心态和信念，从而形成了他们对今天的期望。团队在过去经历过的伟大胜利，可以提高团队今天的信心。这个伟大的胜利已经成为团队身份的一部分，构成了团队故事的重要一节。他们会把这个故事讲给新的团队成员听。新的团队成员了解这些故事，并继承前辈的精神。

团队的过去也可能产生负面影响。前任管理者或团队成员的劣迹和无能会困扰现在的团队，而团队成员甚至可能还没有意识到这种影响。它就像一个阴影笼罩着整个团队。反之亦然。一个特别鼓舞人心的团队成员或充满魅力的团队领袖，在离开团队之后，仍然会影响团队数月甚至数年。你可能听到过团队的感叹："如果……还在就好了。"

组织内部的历史事件或历史时期也能影响现在的团队，使其表现不佳。回想一下 2009 年的金融危机，回忆当时组织里的氛围。即便你不是金融服务行业从业人员，你也能够感受到当时人们的沮丧和无助。裁员成为常态，没有一份工作是安全的。这是一段全球范围内的共同经历，影响了每个组织的每个团队。

作为一个系统，团队拥有一个想保护并维持的"现在时态"。他们的潜在信念是：这就是我们这里的工作方式。这个信念的潜台词是："你只能调整或适应，因为'这就是现实'。"团队通常不会质疑这些信念，因为这样做就等于怀疑自然规则。

这些关于团队和团队所处环境的潜在信念，塑造了团队的观点，无论这个观点是乐观的还是悲观的，无论团队感到被赋能还是力量被削弱。"我们是谁"反映了团队的心态和自我身份认知。它对团队的士气有着惊人的影响，也影响着团队的日常行为和决策。这个心态决定了团队如何面对成功和失败，以及如何对变化和不确定性做出反应。

团队也有对未来的预感。团队有期望，并围绕这些期望运作。你可以从团队的态度上感受到这一点；它就体现在团队周围的空气中、团队成员的姿势中，以及团队成员对话时的语气中。

致教练：全新的心态与视角

对一些团队教练来说，将团队视为一个系统需要有一个新的眼光。做个类比：你看不到风，但是你能看到风吹动了树叶。要想看见系统，需要把注意力从个人之间的关系转移到对整体的关注——认识到团队的本质存在于人与人之间。它是一个无形的存在体，不是整体中的一个部分。在个体的声音之外，有一个"团队的声音"在说话。

对一些团队成员和团队领导者来说，需要进行心态上的转变。一个团队中既有个体成员，也有一个共同的系统。个体成员很常见。当个体成员认同团队，并且用"我们"来称呼彼此时，关注点就上升到了团队层面，而不再只停留在个体层面。

无论是教练还是团队成员，都需要练习用新的眼光看待事物。对整体进行"软聚焦"，而不是对个体进行"激光聚焦"。这就像玩图形游戏，你要找出隐藏在图中的三艘大船。刚开始不太容易，渐渐地，当你发现可以从复杂的画面中找到它们时，它们就变得非常明显了，以至于你会奇怪为什么一开始没能发现它们。

一个练习"软聚焦"的方法是观察团队成员之间的互动，倾听他们的对话。少关注对话的内容，多关注对话中的动态。假装你听不懂他们使用的语言。在这种情况下，你看到了什么模式？团队成员之间是如何互动的？这场对话潜藏的语气是什么？哪些对话显得很温暖？哪些对话显得很冰冷？这个团队自然的节奏是什么？

了解这个系统，是作为团队教练的你开始真正理解这个角色的第一步。当你把团队视为一个生命系统的时候，你就创造了新的关系，这个关系大于众多个体关系的组合。作为团队教练，这个系统——也就是团队——才是你的教练对象。团队教练的存在是为了支持这个团队的成长和发展进程。对团队的教练始于对这个系统的理解和欣赏，始于团队教练与这个系统的关系。团队教练可以问自己以下几个问题来思考这一点：今天这个团队处于什么位置？这个团队想要什么？这个团队的优势在哪里？

团队是一个有生命的系统。它是有力量的。实际上，这个系统比任何个体团队成员都要强大和有韧性。你可能看到过这样的情形：一个强有力的、聪明的、热情的领导者带着伟大的计划和雄心壮志加入了团队。对此，团队可能有三种反应。第一种，这个团队微笑、点头，然后不会有什么变化。第二种，这个团队拖拖拉拉，有异议或质疑，在这种情况下，通常需要做大量私下的沟通工作，这种感觉就像在驱散烟雾。第三种，团队发生了实际的变化。

如果你是一位高管教练，你可能已经从与客户的教练对话中了解到这些。教练对话经常聚焦于领导者与团队的关系。有时候，领导者具备带领团队向着新方向前进的远见和能量，而系统的回答却是"不"。

团队教练技巧及范例：系统觉察

在第 2 部分，每章都会详解团队教练五项能力的其中一项，然后介绍与这项能力相关的团队教练技巧。在很多案例中都提供了对话范例，以此来举例说明如何使用这项技巧，以及与这项技巧相关的、可以应用于实际团队教练的练习。请注意，一些技巧可能适用于多项能力，没有固定的搭配。常见的教练技巧也适用于团队。我们选取了一些与团队教练特别相关的技巧，以及非常适合与团队一起工作时使用的通用技巧。

好奇的教练问题

好奇的教练问题

简单的开放式问题,引发探索和反思。

好奇的教练问题有时也被称为"强有力的问题"。好奇的教练问题能让团队进入更加广阔的空间进行探询,而不是局限于某个具体的目的地。好的教练问题具有刺激性,可以引导回答者进入未知的领域。当团队思考这个问题时,经常会有短暂的停顿。

向团队提出好奇的问题时,需要耐心等待,而不是急于打破安静,或者一再地澄清问题。团队反应迟缓可能是因为这些问题过于尖锐,他们需要一些时间来反思;也可能是团队成员正在琢磨在团队中发言可能会产生哪些影响。好奇的问题很广泛,你可以从中感受到无限的可能性。

与开放式、好奇的问题相反,有些问题有明确的答案。典型的封闭式问题只能得到"是"或"否"的答案。这些问题通常以"是不是""有没有""能不能""会不会"开头。例如,"这是不是唯一的方式?""你能不能实施这样的变革?"答案很快就会出现。不同于开放性问题可以让人们从广泛的视角给出各种各样的答案,封闭式问题会给人以对话终止的感觉,即"回答问题—结束讨论"。

最有力的问题都很简短。例如,"你想要什么?""还有什么?"更长、更复杂的问题将迫使团队消耗精力去理解问题本身的含义。团队需要先理解问题,这会把他们的思考过程从反思变成分析,你可以看到团队能量的变化——从敞开变为有些封闭。这里有一个简单的指导原则:大多数好奇的问题都包含"什么"和"如果"等字眼。例如,"什么是重要的?""六个月之后,你们想庆祝什么?""如果这很容易实现呢?""你们将创造什么?"

"怎样"这类问题往往会带来策略、解决问题和行动方案——一系列非常实用的结果。但是请注意,这样的问题会改变对话的方向。使用这类问题时,需要确保你已经完成探索,是时候展开行动了。当然,还需要有一个适当的时间来分析见解、了解细节,从而获得计划与流程的具体方案。大多数团队、团队领导者和团队教练都很擅长使用这种问答形式,而对好奇的问题却并不熟悉。

问题可以推动被教练者寻找答案。好奇的问题可以推动团队进行更加深入、更多反思的任务探索。这类问题是教练工作的核心内容。

总　　结

> **总　　结**
> 重述要点，以帮助每个人达成一致。

掌握总结的技巧！你可以多次使用这个技巧，尤其是在你迷失的时候（团队也有迷失的时候），这个技巧可以拯救你。这个技巧很简单，就是总结你所听到的内容，就像检查每个人——包括你——在地图上是否处于同一个位置。

总结的内容来自团队对话的观点。注意，这里不是指总结每个人的观点，如"他说……她说……"而是对团队对话及对话之外的闲散信息的回顾。它是对正在讨论的话题和提出的主题的快速回顾，类似于"目前我听到的是……"然后帮助团队检查一致性。

当个体的观点和立场过于泛滥，使教练无法看清团队当前所处的位置时，总结是个可以"救命"的技巧。当教练的注意力被团队发生的一些状况干扰，或者被当下发生的一些事情触发，从而短暂地与团队失去连接时，这个技巧也可以派上用场。当你进行总结的时候，你为自己创造了一个喘息的空间、一个整理思路的机会、一个把自己从情绪障碍中解脱的时机。同样，你也为团队提供了一个回应总结的机会，如果有必要，他们会修正团队方向。

团队喜欢这样的总结，因为总结表明教练正在倾听，并希望对话富有成效，即使在这个过程中有迷失或困惑的风险。通过这个过程，你可以与团队建立信任，帮助团队检查位置，以确保团队保持正轨，以及进行的对话是正确的。

对话范例：总结

（背景：对话方向不清晰，观点众多。）

教练： 我相信听到了大家的观点，让我来总结一下到目前为止我所听到的。如果我说得不对，大家可以更正我。你们从团队决策这个话题开始讨论。基于与两个供应商之间发生的情况，甄选流程和执行计划看起来并不是很清晰。你们对个人在决策制定过程中的角色有疑问，有两人基本上认为这很正常，没必要纠结，至少有一人认为这是一个危险的"弱点"，需要被纠正。我开始有点困惑了。可能只有我一人是这样，不过从你们的表情来看，我认为其他人也开始有些迷惑了。是这样吗？

团队成员 1：说到底，这是保罗的责任。

团队成员 2：我不认为我们已经"说到底"了。我觉得自己可以做出贡献，但是我不确定大家对我的期望是什么。我认为教练提到的困惑是对的。

团队成员 3：我们没有一个标准的流程。

团队领导者：这并不是总令人困惑。有些时候我们的方向是清楚的。整体运行还算顺利，只是有些时候我会感到脱节，有匆忙赶进度的感觉，也许我们并不清楚自己在决策中的角色。

团队成员 2：是的。有人征询过我的意见吗？我投过票吗？

教练：（对团队）好的，让我们以这个供应商甄选流程为例。现有的流程是什么？哪些地方行得通？哪些地方行不通？

认　可

认　可

揭示团队的特质、价值观或个性特点。

　　认可描述了团队自己可能还没有意识到的一项优势。认可与表扬、称赞不同。称赞关注的是行为，如守时或坚持行动。认可能给团队带来一种"这就是我们"的感觉。团队感受到自己被看见了——以一种他们没有意识到的方式。例如，"这是一个勇于探索问题根源的团队。""这是一个知道如何努力工作和享受乐趣的团队。"认可经常会激发一种自豪感，当团队成员被认可时，他们会坐得笔直。作为教练，当你给予团队真正的认可、与团队产生真实的共鸣时，你能感受到团队确实拥有了一项优势。

　　称赞团队的成就并没有错，尤其是当团队取得重要的突破或成绩时。只是你需要意识到，称赞可能是教练的判断或评价，就像团队取得成就是为了让教练高兴，甚至是为了激发团队用取得成就来取悦教练的行为。而认可是指看见团队，并承认他们的一项优势，这项优势是团队自身的一部分。

可以使用这样的句式来表达认可："我看见一个……的团队。"然后在句子中加入一个个性特点或价值："一个关注品质的团队。""一个知道如何表达不同意见并且不带个人情绪的团队。""一个相信自己的团队。"

适时干预与适时而退

适时干预与适时而退

知道什么时候干预，什么时候安静且敏锐地观察。

你也许见过一项杂技表演。表演者把盘子放在一根长长的木棍顶部，然后转动盘子。盘子平稳地转动起来。过了一会儿，猜猜发生了什么？盘子的转动速度渐渐慢下来，开始来回摇摆。如果表演者这时什么都不做，观众会看到盘子从木棍上掉下来，摔成碎片。但就在盘子即将掉下来的一瞬间，表演者上前一步，转了盘子一下，于是盘子就继续优雅地转动起来。

这就是团队教练的工作。只要团队对话富有成效、丰富、投入，就不需要教练的干预。作为教练，你不是按照提问的数量或问题有多聪明来收费的。只要团队进展顺利，就让他们保持转动。如果盘子开始摇摆，教练就适时干预，让对话这个"盘子"再次转动起来。

干预几乎可以表现为任何事情。可以是问团队一个问题，可以是把你听到的团队发言做个总结，可以是对团队积极参与讨论的一个认可，也可以是一个关于团队互动的简单观察。当你（有时可能是别人）看到盘子在来回摇摆时，适时地转它一下，让它继续转动起来。

练习 6-1："总结"技巧实践

总结就是对话的回放。总结把人们带回到同一个位置。它可以检查团队所在的位置。通过总结，团队经常会在一个更深的层面重新启动对话。

你几乎可以在任何会议或团队教练中使用这个工具。确保你使用这个工具的时机是恰当的、自然的，在需要的时候使用它，大家会感谢你。否则，别人就会觉得你虚伪做作。一个简洁的总结可以重建一致性并推进对话。

推荐：在你的团队会议或教练对话中寻找几次做总结的机会，记录总结带来的影响。

练习 6-2：揭示团队信念

团队的信念对团队成果具有巨大的潜在影响。只有用闪光灯照亮这些信念时，它们才会在团队行为和态度中显现出来。这个简单的练习的目的，就是给团队一束闪光灯。

团队成员准备好纸和笔，方便做笔记。在白板或幻灯片上写下一个标题："我们相信"，标题下面是这句话：

"如果我们_____，那么 _____一定会发生。我保证。"

将团队分成几个小组，小组人数视团队规模而定。

说明相关指令：通用的结构是"如果A，那么B"。可以根据需要修改内容。积极语言和消极语言都是被允许的。例如，"在我们团队，如果我们努力工作，就一定会有高回报。"或者，"如果我们努力工作，完全不会有人注意到我们，没有人会欣赏我们的工作成果，而工作标准会提高。"在你的小组内完成这些句子。发挥你的创造性，但请实事求是。给大家10分钟时间完成。然后整合各小组的内容，大家一起分享这些句子。

最终的答案里也许会出现应付和不认真的情况，但也会有货真价实的内容。

练习 6-3：挖掘价值观

价值观体现在人们做出的每个决定里，而不一定是公开宣扬的那些话。要想发现团队的价值观，就要把关注点放在团队的具体情境中。

这个练习可以在整个团队中完成，也可以分组完成，具体取决于团队人数的多少。

1. 回忆3~4个团队特别成功的具体情形，可以是做出的正确决策、采取的有效行动。在这几个情形下，大家有一种强烈的团队自豪感："我们就是这样的团队。"

2. 回忆3~4个与上述截然相反的具体情形——团队脱轨了，人们感到受挫、失望。

3. 从团队遇到障碍开始观察。团队错过了什么？缺失了哪些价值观？

4. 然后观察团队取得成功的情形。团队成员之间的互动体现出了什么？从团队的选择中，你看到了什么样的价值观？

关注那些被揭示的价值观，而不是分析哪些工作流程有效、哪些无效。用这句话作为开头："很显然，我们是一个重视……的团队。"

为了找到核心价值观，有时候需要经过层层揭示。刚开始团队可能会说："我们关注细节。"教练可能会问："那是价值观的表现。关注细节的背后是什么？"下一层可能揭示了一个更加具体的团队价值观，如"关注客户服务"，团队将这个价值观命名为"服务至上"；也可能是"更加关注质量性能"，团队将这个价值观命名为"做对事情"。

注意，团队价值观可以不只是一个词。它可以是几个词，用来表达团队独特的价值观的精髓。它可以非常个性化，团队有自己的表达方式，而不是价值观列表中的通用词汇。当团队发现了准确的表达方式时，它会与团队产生共鸣，团队可以感受到它。"是的，就是这个。这就是我们的价值观。"

练习6-4：跟踪团队发展历程

可以在第一次进行团队教练时使用这个练习。在此基础上，在后续的团队教练中继续使用这个练习。该练习需要使用大量的白纸，用图钉或胶带将白纸固定在墙上。团队需要告诉人们怎样在纸上画——画画的人可以是教练，也可以是团队成员。先画一条路。团队需要描述这条路的形状和路线，时间从团队协作第一天开始直到当下这一时刻。团队指出沿途的里程碑、路标、弯道、桥梁等，最终形成一幅描述团队旅程的图。这幅图可以用来总结过程，突出学习和成就。在每次教练会话中更新它，在最后一次持续的团队教练中用它来帮助团队总结在这段旅程中的学习和收获。

团队的发展历程通常持续到当下这一时刻。它也可以用来想象未来，创建一个关于未来之路和目的地的愿景。团队成员还可使用该练习，按照自己的观察各自画一幅图。当所有人都完成后，将作品贴出来展示给大家。让团队成员介绍各自的作品。

第7章
现在开始调频
团队教练核心能力二：调频——重新校准

团队是一个系统，但这个系统不是"单片电路"。事实上，它会从多个波段同时发出信号。如同收听老式收音机，人们转动旋钮，然后选择并校正其中一个波段。本章内容包括从不同的层级去看、去听。团队中的调频就是指扫描整个团队，找到不同的事情，再进行微调以获得最清晰的关注点，然后做笔记或采取行动。

当然，有效的调频需要卓越的倾听技巧，但只有倾听还不行，人们可能一次只关注一件事，但从多个波段接收信息。这就像人们身边布满了各种各样的接收器，有接收团队对话内容的接收器，有接收团队对话语气和情绪的接收器，有接收团队对话中的潜台词（如人们的猜测）的接收器，等等。每个接收器提供一条特有的信息流。教练的工作就是选择波段，然后调频到某个特殊的频道，听到更多的声音。这一切需要在瞬间完成，而且要连续不断。

团队教练扫描并进行深层倾听的起点，就是团队此刻正在讨论的内容。这是"对话波段"。在这个波段上，声音最大、最清晰的频道是内容频道。

理所当然，团队的注意力就在这里。团队有一个业务问题需要解决，或者需要做出决定，对此负有责任的团队成员正在参与讨论。团队教练可以发挥的一个重要作用就是引导这场讨论，确保澄清那些可能产生困惑的地方，鼓励大家投入，维持一个有利于推进讨论的氛围。这是一个熟悉的波段，人们一生都在关注它。它有一个明确的目的：整理问题和想法，并采取行动。

了解提问的目的

教练可以通过引导一场以解决问题为目的的对话来帮助团队解决实际问题，这里需要警觉的是：教练必须清楚地知道其所提出的这些问题的目的。有些教练会有这样一个倾向：为了收集信息而提问，这样就可以有更多的信息储备来解决问题了。

这个倾向很有诱惑性。作为教练，你希望能提供帮助。你可能认为自己对团队的价值就在于加速解决问题的过程。所以，你会带着自己的分析思路去倾听团队的对话，甚至以评判的心态看待团队，认为团队需要你的帮助。同时，你的注意力集中在自己的内部处理过程上，而不是集中在团队上。有的教练会收集信息以理解当前的情形，从而更好地解决问题。实际上这并不是教练的工作。如果教练的目标是更好地理解问题和团队动力，那也没什么错。但实际上，解决问题是团队自己的工作。教练的工作是帮助团队更加有效地协作。这意味着教练需要把注意力放在团队身上，而不是自己的想法和观点上。

调频到团队的波段，不仅包括倾听表面信息，还包括倾听表面之下隐藏的信息。教练的倾听是开放而好奇的，是广泛的。这与那种专注于努力寻找解决方案的倾听正好相反。教练会留出制订行动计划的时间，这是经过实践验证的很好的教练流程。但是太快进入行动阶段会错过深入探索新领域、创造新意识和新的理解的机会。

在对话内容之下的频道的信号可能是微弱的，它们可能很难被听到，或者很难从嘈杂的背景中被捕捉到。对团队教练来说，对此多加练习有助于精通掌握调频技能，并帮助团队把注意力放在这些地方。这就是最好的回报。

密切关注氛围变化

天气时常变化，所以要做好准备。

每场对话都会创造出与之相关的氛围。氛围就像一个能量场。两个好朋友相约一起吃午餐，他们之间的对话创造出了开心、兴奋或关切的氛围，这取决于对话的基调。如果你正好坐邻桌的位置，你不需要听到他们的谈话内容，只需稍加观察，你就能够感受到他们之间的氛围。为了感知氛围，人类被赋予了一个"边缘天线"。人类用它来感知潜在的危险，同样，也用它来感知上千种情绪氛围。阅读能量场域是人类已经练习了几百万年的本领。

能量场域既是对话的结果，也是影响对话的重要因素。一场激烈的争论可能升级为可怕的攻击，也可能被一句幽默的话迅速平息。通过调频，感受这个能量场域及其变化，你会触及每个团队成员都能够感知到，但通常不会意识到的那部分信息。描述这个能量场域或它带来的影响，可以帮助团队更加深入地探索，看到团队动力中的模式，或者那个时刻对团队的意义。

例如，想象你正在与一个金融服务管理团队一起工作，跟踪他们的团队对话。他们正在庆祝本季度的成功，并彼此祝贺。一款新的投资产品实现了卓越的销售业绩，这让他们感到非常开心。这里是"气球和彩带"的氛围。你几乎听到香槟的软木塞"砰"的一声被拔出来。接下来，有人提到一个事实：一位与他们合作 15 年之久的大客户正在更换服务机构。房间里的氛围瞬间变了。

团队也许想深入研究如何挽回这位客户，或者做些什么来确保其他客户不会流失。这很正常，对团队来说，检视已经发生的事情并避免未来再度发生这种事，当然是很重要的。但是，将频道从"对话"调频到"氛围的变化"上，可以为团队探索此次失败的意义提供一个契机：对团队来说，什么是重要的？这个团队看重的是什么？团队从这次经历中学到了什么？

上一分钟的对话就像在沙滩上散步，阳光温暖，微风拂面，空气中弥漫着一股清香。下一秒人们就置身于一场草原风暴之中，远处传来轰隆隆的雷声。你很可能有过这样的经历。而且很可能，你就像一位经验丰富的气象学家，能够基于对对话过程的观察预测到风暴将至。

并不是每个变化都需要被记录和讨论，但时不时地把大家的注意力吸引到能量场域及其变化上，可以帮助团队更加清楚地意识到他们当下正在创造什么结果，以及团队要怎样一起探索这种结果带来的影响。

如果教练感知到有必要强调能量场的变化，他会分享自己的观察，同时弱化自己的洞察的"绝对正确性"。当教练试图描述像能量场域这样无形的东西时，所有的词都有"近似"的意思。为引发团队回应，教练可以选择这样的表述方式："是的，就像那样……""不，感觉更像这样……"

实际上，先来一则简短的免责声明通常是一个很好的选择。例如，"我可能用词不够准确，但这是我感知到的。"教练也可以邀请团队来描述他们观察到能量场域有什么变化。"发生了一些事情。是什么事？"这可以培养团队关注他们创造出来的氛围，以及这种氛围给团队对话带来的影响。

带着好奇心去聆听

调频是练习有耐心地回应，而不是立即做出反应。这是延缓个人解读的方法。举个例子。作为团队教练，想象你正在倾听团队的对话。大家正在讨论改进一项关键业务指标的进展。讨论过程有点颠簸，似乎有些激烈。有两位团队成员看起来有点退缩，也可能在无所事事。然后，出乎意料地，有个人往话题中扔进一个"臭鸡蛋"——一个问题或负面信息。整个团队很有可能把注意力转向这个制造混乱的人及其所持有的立场。

对团队教练来说，这是一个展现好奇心的机会。扔臭鸡蛋这一行为背后的意图是什么？这个人的反应如此强烈且具有破坏性，是因为团队忽略了什么重要的事情吗？这是这个团队的模式吗？团队教练很容易被团队的瞬时反应所吸引。这个时候就需要团队教练检视这些行为背后的动机。假设这个人有一定的正面意图——尽管方式不当，这个人正在试图实现什么？

聆听假设和期待

在个体层面，所有的假设都来自一个信念："其他人看待这个世界的方式和我是一样的。"在某些特定的情境下，如按期完成项目，理智的人（像我一样）会用同样的方式处理项目和时间进度。这就意味着如果你和我共同合作这个项目，我对你就会有一系列期望，即"我认为你会以我认为正确和恰当的方式来完成项目"。当你抱有与我不同的期望时，我们之间很可能产生困惑、不一致，以及所有随之而来的情绪结果。

团队所产生的大部分冲突都是无意识的结果，这些结果源于未表达的假设和期望之间的冲突。团队成员之间有看不见的绊脚绳。由于期望和假设都不明确，团队很难达成一致。同时，如果团队成员对任务有不同的理解，对如何共同完成任务有不同的、未经讨论的期望，那么让团队成员承担责任几乎是不可能的。事情不出错才怪！

对团队来说，一部分挑战是当糟糕的事情发生时，团队成员马上进入解释或防御状态，他们通常关注"谁是对的"，而不是"我们漏掉了什么"。对话会迅速转向"你说了什么""我说了什么"，从而陷入一个毫无益处的循环，而且会让个人立场更加根深蒂固。作为一位团队教练，你那只用来调频的耳朵就是为了倾听这些未表达的假设和不一致的期望。

听和说的比例

教练需要接收的另一个频道，是关注团队听和说的倾向，对比团队互相聆听的时间与一个人对另一个人说话的时间。很明显，不同的团队成员会有不同的"听说"风格。一些人可能天生多说少听。不同的团队话题会有不同的听和说的比例。

这样做的目的是了解团队通常的平衡点在哪里。教练应寻找叙述和提问（有时也称作主张和探询）的比例。主张就是持有立场、提出建议或陈述观点。探询就是提出问题，最好的情况是针对某个立场的论据，或者为了理解不同的视角和结论而提出一个纯粹好奇的问题。探询不是诘难，它并不是为了证明某个观点而提出一连串引导式问题，否则就是伪装成探询的主张了。真正的探询是开放的、邀请性的。

大多数时候，组织里的团队成员都被训练成提出主张者，他们解决问题，采取立场。这样的行为会得到鼓励和奖励。然而，当太多的观点或相互冲突的提议出现时，大多数人都会给自己的主张加大音量。立场变得缺少灵活性，提问变成诘问，大家开始出现防御倾向。天平彻底向主张倾倒，从而降低了人们在学习、达成一致和共同点的可能性。高绩效团队有更好的平衡。事实上，大多数情况下倾听和提问的比例要高于说话和叙述。

这个平衡话题对教练的角色来说也是有益的，它可以帮助教练反思自己的倾向。教练工作的目的是在团队中创造高度参与的、富有成效的对话。作为教练，检查你自己的干预模式，你有多少时间在倾听和提问，而不是说话和叙述？

这里并没有明确的比例可供教练参考。不同团队的情形及不同的对话决定了教练的干预程度。这项工作的艺术在于寻找最佳的平衡效果。你可以通过调整由你产生的影响来调整平衡。注意以下问题：干预的程度和方式有助于团队保持正轨吗？现在是时候给予更多的指导吗？还是团队必须扩展对话空间，需要教练适时退出？

鼓励团队参与

作为一位教练，如果你注意到大部分沟通发生在你和团队之间，而不是发生在团队成员之间，这就是一个信号：是时候让团队专注于彼此之间的对话了。正如我们在第 5 章提到的，有时候团队成员更愿意对着教练说话，而不是彼此交谈。对着教练说话会让他们感到比较安全，通常比在团队中进行激烈的对话要舒服得多。

当团队感觉自己被迫解释一些事情时，会产生防御心理。他们可能会把团队教练看成一个信号：团队有麻烦了，绩效没有达标。团队会有种被评判的感觉。因此，他们会对着教练释放一下，让自己透透气，这是很正常的。但如果这种释放超过一定程度，就对讨论无益了。当团队和教练之间的对话太多时，就需要重新设定团队动力，让团队成员彼此交流。

注意变革的预兆

教练是变革的媒介。作为一个系统，团队经常是抵抗变革的，原因有很多，也都可以理解。教练的过程就是让团队成员以新的方式行事。这个过程需要练习，这会颠覆大家所熟悉的、可预测的模式。团队成员会抱怨："我没时间做这些。"面对不适和抵抗，教练需要仔细寻找行动或准备就绪的信号，明白有时候团队需要小步前进，以便在真正的变革发生前凝聚动力。"渴望变革"是教练需要接收的一个频道。在这个频道上，人们有一种强烈的欲望或渴望。它是一种暗示，并且通常是一种微妙而短暂的暗示。它表达了人们对做出改变或拥有不一样的团队体验的渴望。

这种渴望就像隐藏在水面之下的气泡。它可能隐藏在一位团队成员发表的意见之中："也许只有我一个人这么认为，但是我们确实需要采取更好的方式。"也可能隐藏在一位团队成员的肢体语言中，或者隐藏在一位团队成员的一次冒险行动中。把教练的接收器调到这个频道，在这里寻找信号，哪怕是微弱的信号，它表明团队正在朝着变革的方向前进。这就是那个气泡，它正在不断上升，而且冒出泡的时候也不一定是连在一起的。团队也许还没做好变革的准备，但是水面下已经暗潮汹涌。通过关注这些气泡并识别它们的意义，教练可以更加清楚地意识到团队渴望变革的信号。

这种强烈的欲望或渴望有多种表现形式。它可能是对行动的渴望，也可能是对暂停下来表示庆祝或感激的渴望，还可能是制造混乱然后解决难题的冲动。在这个冲动之中有种动力，它可以引领团队走向某个方向。作为教练，你可以保持这样的好奇："这个方向是什么？""它将如何支持这个团队？"

聆听被隐藏的频道

在团队收音机的波段上，有些对话频道比较容易被听到。也有一些频道很难直接被听到，除非你可以通过调频连接到它们。团队都有自己独特的对话方式，对话的基本规则已经根深蒂固。每个人都知道该如何行事，知道哪里是边界。对此大家很熟悉，也很熟练。当你调频时，你可能会寻找不常见的频道，就像这样："这是你们经常发生的对话。那些没发生过的对话是什么样子的？"

寻找隐藏频道的范例：
- 这些是已经说出来的事情，还有什么是没说出来的？
- 这是一个你们熟悉且感到舒适的话题。什么是禁忌的话题？
- 你们已经做了细致的工作去识别计划中的弱点。似乎这是这个团队的典型行为。看看在同样的情形下，你们有什么优势。
- 我注意到这个团队会非常小心地分享观点，尤其是在分享一些不那么受欢迎的或有些冒险的观点和想法时。如果你们允许让对话变得混乱，会发生什么？

关注对话之外的信号

对话本身无疑是一个可以调频连接到团队的重要频道。另一个非常不同但同样重要的频道是物理环境——实际上包括所有的物理事物、身体语言和团队成员的身体体验。

记住，我们的目标是实现富有成效的、高度参与的对话。物理空间和空间中的布置会影响对话的质量。几年前，我们与一家生产制造公司的管理层团队一起工作。我们与这个团队的第一次团队教练被安排在1月，地点是客户公司的一间培训教室，那里周末不供暖。大家感觉太冷了，并因此而有点分心。到了中午，大家更加分心了，因为楼下的一条生产线开始运转，发出有节奏的、巨大的声响，整个大楼都在震颤。很显然，这不是团队对话的理想场所。

甚至传统的会议室对话或圆桌对话都会给对话制造挑战。圆桌可能会成为防护盾牌，不仅制造物理距离，还会制造对话障碍。如果团队成员围绕圆桌坐在他们熟悉的位置上，这种行为再次强化了个体等级与职位之间的差异，而不是给人以身处一个团队的感觉。

物理空间的设置很重要。它能够支持或阻碍对话。这就是为什么在引导重要的团队对话时，我们高度推荐用椅子围成半圈，不要放置桌子，禁止使用电话、平板电脑和笔记本电脑。开放的空间允许人们展现出某种程度的脆弱，这将引发更深层次的对话。

身体语言是另一个非常强烈的信号来源。注意观察团队成员的手臂交叉在胸前、身体往后靠在椅背上的情形。这是什么意思？或者观察团队成员不断地看表、用脚轻敲地面的情形。甚至人们选择坐在哪里也是一个信号。举个例子，由于组织重组，两个团队需要合并成一个团队。新合并的团队表现出明显的压力信号：一种竞争性、对抗性、不合作的基调充斥在整个房间里。

在进行第一次团队教练时，每个人都与合并之前的团队同事坐在一起，两个团队之间有条间隔。教练很容易就能调频到这两个团队的频道。整个上午，团队的对话中充斥着"我们"和"他们"，这强化了团队的分离感。午饭后，教练邀请团队成员更换座位，坐到新同事的旁边。问题仍然存在，但是对话的基调变得更加包容了。

精通调频

我们倾向于把注意力放在表面现象上，因为这是呈现出来的、可见的东西，我们可以很容易地谈论它们。但它们就像冰山一角，只代表了团队正在经历的一小部分事情。隐藏在水面之下的暗流对团队及团队对话所呈现出来的可见部分有着强大的影响。可见，团队呈现出来的那部分内容通常源于这些看不到的地方。调频为团队教练提供了一个可以看透表面的镜头。

在各种噪声中找到微弱信号的倾听能力——更深入地听，并将之带到团队意识中——为支持团队进程提供了有价值的信息。

团队教练技巧及范例：调频——重新校准

澄　清

澄　清

在团队对话中，哪里有困惑、不确定或明显的误解，哪里就有澄清。

在一对一的对话中遇到困惑是很正常的。在团队的对话中，发生混淆和误解的可能性更大。然而，如果一个团队陷入混乱，不断地重复着同样的话，甚至提高声调，还期望大家能够达成一致，这就不正常了。实际上，有效的团队讨论遇到的最顽固的障碍之一就是误解。团队成员会基于自己的理解或假设来参与并继续进行一场对话。

作为一种倾听技巧，澄清有助于揭示这些假设，以便对它们进行检查和解决。澄清也有助于建立更好的沟通，因为澄清展现出了对更好地沟通的尊重。

教练使用这个技巧的目的是为团队创造清晰的思路，同时也为自己创造清晰的思路。教练如果发现团队成员身处迷雾之中，可以鼓励他们互相提问来澄清问题。这种模式可以让团队承担沟通中的责任。

澄清时可以使用这样的表述：

- 我刚才听到你是这样说的……
- 我听到三个不同的话题，也许是围绕同一个话题的三个不同的视角。让我一个一个地来……
- 这里看起来有些困惑。让我试试能不能澄清一下刚才说的话……

这个技巧不适用于开放性问题。为了便于理解，澄清通常适合使用封闭性的、用"是"或"否"作答的问题。例如，"你的意思是……吗？""你是说……吗？""听起来我们好像改变了话题。是这样吗？"

积极聆听

专注地聆听，并且回放你听到的和看到的，确保你听到的就是对方想传达的。

在团队对话中，人们可能会非常强烈地拥护自己在某个问题上的立场，以至于在这个过程中变得不再倾听他人。相反，他们只是为了维护自己的观点而不断地辩论、攻击。积极聆听打破了这种模式，并且为达成一致提供了一个简单的方式。在这个过程中，它把"攻击"转变为"对话"，从而改变了对话的基调。

在积极聆听中，"聆听"要求教练完全沉浸在当下，聆听多个层面：语言、说话的语气和语调、能量场域的变化、肢体语言，还有字里行间已表达和未表达的意思；"积极"要求教练分享自己听到的和看到的，目的是尽可能准确地分享接收的内容和体验。澄清主要集中在对话的内容上，即人们说了什么，而积极聆听包含的内容更多。

"让我回放一下刚才听到的。"这个短语的作用是按下暂停键，进行短暂的"倒带"。回放既包括对话内容，也包括对话背景，还包括教练对现场效果的观察、团队创造出的能量或情绪场域，以及注意到的肢体语言。这是汇报，不是诠释，因此要尽可能使用团队的语言进行汇报。

和澄清一样，积极聆听这项技巧既可以用来帮助团队，也可以用来帮助教练。除此之外，还可以在团队成员之间使用这一技巧。

两极对立

两极对立

有意识地聆听相反的内容,这样就可以呈现出"硬币的两面"。

两极对立需要具备对比意识,能看到一体两面。举一个最常见的例子。当你聆听团队的时候,很显然,你知道团队成员在说些什么。两极对立则要求你对团队没有说出的那一面感到好奇,而不是只停留在团队已经表达出来的内容上。团队正在避免谈及什么?界限在哪里——团队会在哪里停下来?团队禁忌的话题是什么?你们之间没有发生的对话是什么?

两极对立通常采用提问的方式。例如:"什么正在显现出来?"也许是反复出现的话题,也许是团队自我防御或找借口的习惯,也许是某种能量或情绪。对立面是:"什么还没有显现出来?"请注意,没有显现并不代表应该显现。例如,在一次对话中,团队正在描述与一个重要的供应商之间反复出现的问题,理所当然地,你会期待听到一些带有挫败感的发言,或者想解决问题的渴望。如果你没听到,你就可能感到好奇了。

关于对立面的更多举例如下:
- 你看到哪里达成了一致?你看到哪里没有达成一致?
- 什么让这个团队团结一致?什么让这个团队产生分裂?
- 你看到哪里存在阻力?你看到哪里运行顺畅?

说出团队所在场域的能量

把团队对话创造的氛围或团队成员当下的状态用一个词或句子描述出来。

每时每刻,总有一些看不见的东西被创造出来。这就是能量场域,它是团队当下行为创造的结果,即使是沉默这一行为。更多的时候,能量场域是团队对话的动力产生的结果。这就像隐藏在水面下的暗流,无法被直接看到,却能将团队拖离正轨。大多数时候,团队成员关注的焦点是他们讨论的话题,以及他们关于这些话题的个人立场。

能量场域就在这些焦点之中。团队成员能够感知到它,但不一定会意识到它。能量场域可能是锋利又尖锐的,也可能像丝绸般顺滑。它可能是情绪上的,如悲伤或快乐。当你指出它并请团队描述它的时候,你就帮助团队获得了认知。这份认知为团队成员了解相互之间的影响提供了有价值的信息。

说话的语气和语调也会产生影响。举两个例子。提问的方式有很多,例如,"你刚才在想什么?"或者"你什么时候开始意识到这个计划是行不通的?"这两种提问方式夹带着不同的情绪。不同的提问方式与使用的语言一起,释放出了不同的潜在信息。在第一种提问方式中,人们得到的信息是:"他很随意地问了我问题。"在第二种提问方式中,人们得到的信息是:"他问了,并带有明显的恶意。"信息被打包的方式,以及所处的语境,两者结合起来会传达出不同的信息。一旦形成某种语气,下一个发言的人讲话时就进入相应的能量和情绪场域。这就是争论迅速升级的原因。一个充满火药味的评论会引发一个充满敌意的反应。

把这种意识引入团队的最简单方法,是使用天气作为类比。想象这样一个情境:团队正在讨论一件麻烦事,而且这件事正在变得更糟糕。市场份额正在下滑,无论团队采取什么行动都不起作用。甚至在团队开始讨论之前,你就能感觉到一股暗流。这股暗流,就是对话发生的情绪氛围。

对话范例

教练:在你们开始对情况进行评估之前,用一种天气来描述当下的状态。

团队成员的描述有"乌云压顶""远处雷声隆隆""不断上升的风力""寻找避难所"。

教练:是什么导致了你们对这个问题的不祥预测?

由此就开启了关于这个问题对团队的影响的一场对话。现在,假设讨论的结果是产生了非常棒的想法、将新产品推向市场的可能性,以及确定了支持这些工作所需的资源。

教练:现在的天气如何?(在收到一些回应之后)是什么引发了天气的变化?

隐喻/形象化

> **隐喻/形象化**
> 运用意象的力量来捕获体验或讨论的本质。

使用隐喻除了可以将天气与能量场域进行比较，还有其他的应用。有时候，一个比喻可以代表整个团队的体验或思路。团队也可以形象地描述团队本身或在某些情况下团队的特质。

对话范例

教练：你们很快就要在董事会上做汇报了。可以用什么来比喻现在的状况？

团队成员 1：无家可归。为一顿饭讨钱。

团队成员 2：我会说我们就像十几岁的青少年，开着老爹的车回家，把后备箱撞出了一道凹痕。

团队成员 3：……然后还是要钱。

教练：你们希望这次会议是什么样子的？可以用什么形象来描述？

练习 7-1：积极聆听

积极聆听是一个专注力练习。如果不能专注地聆听，沟通效果就会减弱，关系会受到影响，团队协作的能力也会受到破坏。

一个简单的团队练习如下所示。

请团队成员两两组队。如果有人落单，可以让他作为观察员加入其中一组。

每组成员分为 A 和 B 两方。

对 B 方的指示：找到一个让你非常感兴趣的话题。你将有两分钟谈论这个话题。

对 A 方的指示：教练可以将所有的 A 方带到房间外面，向他们口述指示，也可以请所有的 A 方来到房间的一个角落，发给他们打印好的指示。指示是这样的："聆听你的伙伴。如果你想到了什么，请举起右手。可以是任何想法，如你注意到的衬衫颜色、房间里的温度、今天晚餐吃什么。如果你想到一个评价，请举起左手。"

两分钟之后，结束练习。请两位伙伴互相分享两分钟，先完成没说完的话，消耗练习的能量，然后向整个团队汇报情况。

感觉怎么样？

对讲故事的人（B方）有什么影响？对听故事的人（A方）有什么影响？

整个团队的聆听水平如何？

练习7-2：收集"潜流"上升的线索

这主要是一项提升教练个人意识的练习。当然，教练也可以把自己的观察分享给团队。练习的目的是识别出那些团队渴望变革的线索。这些线索的性质完全取决于团队，可能是一个评论或一个非语言信号。

教练的调频是为了寻找那些预示着变革的可能性的线索。教练通过突出一个信号，让团队有机会看见这个信号并紧紧抓住它。

说明：可以通过有意识地计划在一次团队教练对话中收听这些信号来进行练习。为这个练习设定一个时间框架，可能只需要5分钟就能提高你的意识。在教练之后，或者茶歇期间，在笔记本上记录下你识别出的线索，以及这些线索的性质。

第8章
做一个观察者
团队教练核心能力三：反思式观察者——精湛的镜子

我们为团队教练的第三项核心能力发明了一个术语——成为一个观察者的能力。也就是说，成为一个有工作要做的观察者，因为仅仅成为一个好的观察者是不够的，你还需要对所目睹和耳闻的事情做出反应。在观察者能力中加入"反思"这个词，为这项能力带来两个维度。

反思需要认真思考。这里，团队教练和团队一起反思，深入地思考。反思的主题是团队本身、团队动力、对旧习惯的觉察——这些主题能够引领团队获得更高水平的洞察，并最终促使团队改变、成长。反思也是团队教练的一个特殊角色。教练把自己的观察和问题反馈给团队，引发团队的深入反思。作为团队教练，你的工作是为团队举起一面明镜，这样他们就可以更加清楚地看到自己是谁，以及作为一个团队，他们是怎样互动的。

团队操作系统

打开一个设备，无论是计算机、平板电脑还是智能手机，你会看到各种正在运作的应用程序。而真正控制和支持这些程序的操作系统是看不到的。作为观察者，你要注意观察操作系统对团队行为的影响。团队的注意力集中在应用程序上。对团队进行教练正是为了帮助团队看到运行操作系统的编码。

做好一个观察者的关键是注意到行为及其带来的影响，了解这是无意识编码的一部分。为了让团队协作更加有效，团队首先需要认识这个系统的现状：系统是如何运行的。作为观察者，你的角色就是分享你的所见和所闻，然后邀请团队一起来参访这些地方。"那样的互动方式对我们是有效的还是无效的？"通过分享你的观察并训练团队的反思能力，你为这个系统提供了一种信息接收方式，让这个团队有能力做出新的选择。

团队规则

要寻找操作系统的线索，首先要看的就是团队规则。系统创建了行为规则，而且创建速度非常之快。这是生存的本能使然。这些规则有时也被称为行为准则，它们定义了团队动力、团队参与及团队绩效的方方面面。它们并未被说出口，但每个人都知道它们是什么。新的团队成员通过观察和微妙的奖惩机制来学习这些规则。这些规则维护了秩序和关系的安全，正因如此，它们才得以随着时间的推移继续存在。你可以通过观察团队来发现这些规则。

这里有一个日常的例子：绝大部分团队都有一条规则叫作"会议可以晚些时间举行"。你知道这是一条团队规则，因为每个人都是这样做的。那些总是推迟举行的会议能够最大化地占用人们的时间和注意力吗？不，当然不能。规则并不需要有意义或对团队有益。规则就是规则。想象你是一位新的团队成员。你即将第一次参加团队会议，会议时间是周二上午 10 点整。你最有可能出现在会议室的时间是几点？如果预订的是 10 点，你或许 10 点整甚至更早些时候就来到了会议室。你在会议室里等着，独自一人，会议室里寂静无声。10 分钟过去了，人们陆续到来，会议开始进行。那么下次参加团队会议时，你会几点出现在会议室呢？肯定不会比这次更早。这就是规则。

还有一个常见的情况：新任团队领导者上任。当新的团队领导者到来时，团队成员知道将有新的规则，或者旧的规则会被改变。在领导力过渡期，团队成员会把大量的精力用在琢磨"新规则宝典"上。

这里有一个真实的例子。我们曾教练过一个团队，之前的团队领导者的领导风格就像一架直升机，终日盘旋在团队上空。她在那个管理职位上已经待了 10 年，是一位微观管理者。团队的大小事宜都需要直接呈报给这位管理者。之后，新的领导者到岗。这位新的领导者的领导信念是：授权给团队，鼓励首创精神，承担结果。这样就创建了全然一新的规则，需要团队去消化和理解。你可以想象接下来团队中发生的失控和反抗场面。

可预测的系统模式

团队用与上述类似的方法，开发了用来处理那些反复出现的情况的模式。他们有一套流程，或者说有一个"应用程序"。这是一个默认的程序。就像操作系统中的一小段编码，当被外界情境触发、程序启动时，团队使用程序化的行动来回应。这些模式是连接在一起的。它们是团队在无意识中创建的，却像团队规则一样稳定且可预测。它们确保团队在适当的轨道上运行。与团队一起工作一段时间后，你会看到这些模式反复出现。

这些模式所在的一个最明显、最重要的领域就是决策制定。在决策制定领域，肯定会有一个模式，用来决定：如何输出和接收信息；如何对待相反的观点和立场；决策制定的流程和步骤；哪里需要权威的意见；如何分配责任（如果有的话）。在其他领域，如团队沟通领域，团队会设立强有力的规范，形成一致的口头协议。

每时每刻，团队都在呈现他们的喜好和模式。操作系统是不会关闭的。如果教练在进行团队教练时注意到一个看起来属于某种模式的行为，可以先记下来，然后观察这个行为是否会重复。例如，你可能注意到团队是如何决策日常事务的，如什么时候吃午餐，那你就几乎可以确定这个午餐时间的决策流程在工作中的其他决定中也会出现；再如，在团队教练中，团队允许彼此之间互相打断对话，那么这个模式肯定会在团队的其他日常会议中出现。作为一个观察者，你甚至可以从与团队的第一次会议中得到充分的信息——就从会议是否准时举行开始观察。

让不可见的变成可见的

观察团队在处理重要的团队问题时是如何工作的。问自己这个问题："团队的关注点在哪里？"团队的关注点几乎总是在问题上，更具体地说，每个团队成员的关注点都在他们盯住不放的立场上。团队成员会把注意力放在对话的内容上，而不是放在团队互动的方式或能量流动上，也不是放在团队如何倾听上,更不是放在对话创造出来的语气氛围上。但是,在对话内容的表面之下,隐藏着控制对话的编码,它控制人们谈什么、谁说话、谁不说话。

对团队来说,表面之下正在发生什么也许是不可见的,但它带来的影响是可见的。通过让不可见的变为可见的,团队可以了解他们互动的方式。一旦看到这样做的效果,团队就会变得更加透明,决策流程更快,分歧不再可怕,建立信任,沟通也得到改善。

显而易见而又被忽略的事实——"屋中象"

有些话题是一些团队不愿意讨论的。在这种情况下,问题并不是完全不可见的,大家都知道这一点,但是没人愿意在团队对话中讨论它。也许一些人会在团队对话之外聊起它,或者在咖啡机旁小声地议论,但是如果真正地敞开谈论这个话题,把它放到会议室的桌面上来讨论呢?那是不可能发生的。这个异常敏感的话题不是不可见,而是被盖上了一件隐身斗篷。

这样的话题要么太尖锐,要么会引发严重的后果,让团队成员的职业生涯受到损害——至少大家是这样认为的。这也许是基于本团队或其他团队过往的经历而形成的一个信念,而现在这个信念已经在团队中根深蒂固了。因此,团队宁愿浪费大量的精力绕道而行,就是不去面对那个连提都不能提的话题。

然而,公开讨论这些话题可以为团队提供丰富的学习机会。那些学会走近并直面困难的话题的团队,会培养出全新的团队力量,以及相互之间的信任、尊重和新的技能。教练创造的环境,可以为团队学习处理棘手的问题,尤其是那些看上去危险的话题提供安全的场所。通过追踪团队对话,包括对话中潜藏的语气或身体语言,教练能够看到"房间里的大象"——那个敏感的、团队宁愿绕道而行的话题。对教练来说,这也许是一种模糊的感觉,就像空气中的一股乱流,或者窗外闪过的一团阴影。教练感觉到在表面之下,团队避免谈及某个话题,这个话题已经成为团队操作系统编码中的死循环,团队围着这个话题一圈又一圈地绕,就是找不到出口。

坦诚地宣布房间里有只大象，可能是团队打破这种死循环的唯一方式。而且很多时候，团队一直在等待这一时刻。当教练看见了团队逃避的事情，它就会成为团队互相敞开心扉的助推器。

团队的滤镜

团队用自己的方式去看待世界，以及世界上的机会和障碍。这就像透过镜头和过滤器来看世界，只有某些图像会通过过滤器呈现出来。通过这种方式看待世界，团队只会看到他们想看到的——无论是好消息还是坏消息。团队看待世界的视角会影响团队的行为。

举个例子。一个国际组织的某个国家分部的领导团队发现他们的汇报职责发生了变化，总部将设立一个新职位。他们将按照新的组织结构向这个新职位上的人汇报。这个团队的反应很一致："这真是个坏主意。我们难逃一劫。太复杂了。他们不会听我们的。"等等。当然，其中一些担心是合理的，但是这些担心被"这不可能行得通"这个视角嵌入并扩大了。你可以想象这给这个团队与新任领导者之间的互动带来了什么样的影响。

好消息是，团队可以改变视角。这个简单的流程从观察开始：团队当前的视角看起来并不是很有帮助或资源丰富。识别、命名并讨论这个视角。对话可以围绕这个问题进行："如果团队继续保持这个视角，会对团队及团队与关键利益相关者的关系产生什么影响？"最终，团队将探索到更多其他看待这个世界的方式，并从中选择一个更加智慧的方式。

使用广角和长焦镜头看待团队和个人

团队远大于个体的集合，尤其是从系统的角度来看。同样真实的是，团队是由个体构成的——团队是人的组合。团队中的成员希望作为个体被听见、被认可、被尊重。团队教练需要了解系统，也需要具备敏捷度，能够把焦点从关注团队的广角镜头切换到关注个人的长焦镜头。镜头的切换最终是为了服务于团队——尽管当下是为了个人利益。看见系统中的个体，是教练必备的一个观察能力。

团队中的角色

一个把镜头从系统切换到个人的例子，是认可个人在团队中的非正式角色。观察家的镜头可以聚焦在这些非正式角色的呈现及其对团队产生的影响上。个人的非正式角色与其在团队中的职能角色（如销售经理或研发部主管）不同，非正式角色有时来自团队成员的个性特点，有时因为团队作为一个系统需要有人承担这个角色而被创造出来。例如，一个团队有很多进攻型的、好斗的成员，这个团队可能需要一个调解者角色。这个角色在组织结构图上并不存在。这个角色的出现，源于对系统的响应和对和平的呼唤。

非正式角色有各种各样的特点：总是持相反观点的"魔鬼代言人"、永恒的乐天派、怀疑者和权威者、梦想家和实践家、细节痴迷者。也许还会有小丑或替罪羊。如同团队规则和团队模式一样，这些角色也成为系统编码的一部分。如果团队成员不清楚他们的非正式角色，他们会向其他团队成员确认。团队成员经常会观察彼此的非正式角色。

我们的目的不是消除这些非正式角色，它们对团体和团队来说都是正常的。发掘团队的非正式角色可以为团队创造更多的意识，让团队了解个人是如何对角色做出无意识反应的。

识别不同的声音

团队不是单色调的、同质的声音。团队是很多声音的调和物，团队中充斥着响亮的声音、噼里啪啦的声音。想象下面这个情境。在团队对话中，一个声音响起，发声者立场坚定，分享了一个观点："我们需要采取行动。我们等不起。"这是一个呼唤行动的声音。这个声音属于这个团队。它是系统的声音。

此时，可能有不同的回应的声音："多些耐心。我们需要更多信息。"这是一个呼吁放慢脚步的声音。这也是系统的声音。这不是一场谁输谁赢的比赛。这两个声音都属于这个团队。在团队中，一些声音比另一些声音更受欢迎一些，但所有的声音都能为团队体验做贡献，即使是那些不受欢迎的声音。作为团队教练，你要观察的内容之一就是这些不同的声音为团队带来的贡献，还有它们什么时候会加入合唱，什么时候会保持沉默。把各种参与贡献的声音代表都包含进来，这项任务非常重要，因为只有这种包容性的混合物才是团队最精准的画像。

寻求同盟

一些团队成员非常执着于他们发出的声音。他们会想都不想地维护自己的立场，因为这些立场对他们来说非常重要。乍一看，他们似乎是唯一代表那个立场发言的人，但事实可能并不是这样。也许其他人也很在意这个立场，只是反应没那么强烈罢了。对其他人来说，这个立场也许并没有唤起他们的热情，或者他们可能不愿冒险提出相反的观点。为那些别人看起来并不认可的事情发声可能会让人感到被孤立。附和团队的共识会更加容易些。在这种情况下，发声是需要勇气的。

作为团队教练，你应该看看团队里是否还有其他人赞同某个观点。也许他们感觉到了少数服从多数的压力；也许他们还没有想到一个可以替代那个发声最大、最受欢迎的声音的办法；也许直到这一刻，他们还没意识到他们愿意站在这个立场上。找到支持者有两个好处。其一，可以支持，甚至证实那个敢于率先发声的人的立场。其二，可以将这个单独的个人立场转化为全员共享的团队立场，将个人声音转化为一个强有力的团队声音。

强调价值多元

当你观察到团队中有不止一个声音的时候，你要指出这一点，并且强调团队内的多元化。价值多元是团队的七个积极性优势之一，我们在之前的章节里介绍过。"在这个团队里有一个强烈的声音是'采取行动'，还有一个强烈的声音是'多些耐心。我们需要更多信息'。在同一个团队里有两个同样强烈但立场截然相反的观点，你们对此有什么感觉？"

有时这些不同的观点需要得到解决，因为这种冲突会妨碍团队取得成功。在不放弃多元化的重要性和价值的情况下，找到同盟是非常重要的。在团队问题的维恩图中,大家的共同基础是什么?消除紧张感本身并不是一个目标。实际上,紧张感是团队日常生活中经常存在的。这种紧张感在某种程度上对团队有帮助吗?它会暗中破坏团队良好运作的能力吗?这个团队怎样才能学会一起工作,认可真实存在的差异,同时坚持团队的使命?

一些声音很有技巧,一些声音会让团队感到不安。有时候,团队成员对传递信息的人做出的反应多过信息本身。团队教练的角色之一就是区分两者,这样团队成员就能够倾听信息。有些主题能够获得充分的一致性,有些主题则有很多不同的观点。我们的目的不是寻求观点一致,而是理解,即便存在分歧,也要寻找潜在的一致性。这里没有"正确"或"错误"的声音。没有人知道全部的真相,每个人都只知道一部分真相。只有把所有的声音集合起来才能得到团队的真相。

创造团队观察者

团队越了解自己的动力,就越有能力更新操作系统。这些动力包括团队不假思索就会采取的模式、对话遇到挑战时表现出的倾向、奖惩机制。所有这些都隐藏在团队日常对话的表面之下,而且对团队执行工作的能力影响巨大。作为观察者,团队教练可以提供有价值的服务,引导团队关注那些影响团队互动和对话的团队动力。但是,最终的目标是让团队自身具备这样的洞察力,而不再依赖教练。作为团队教练,你的一部分职责是向团队传授这些诀窍。

团队教练技巧及范例:反思式观察者

照镜子

照镜子
向团队反映你对团队互动的观察和好奇。

一面明亮的玻璃镜子是一种强大的反馈工具。我们都有过这样的经历:当我们照镜子时,能看见我们所看见的,同时从镜子的映像中得到清晰的信息。有时是让人高兴的信息，但更多的时候，是必须做出某些改变的意识。例如，该换衬衫了，该减重了。镜子的反馈能引发我们的行动。我们之前没有注意到的，或者我们一直在逃避所以不会注意到的东西，就在我们面前的镜子里，我们无法装作没看见。意识是改变的开始。

作为一项团队教练技巧，"照镜子"是指把教练观察到的团队行为和团队动力反馈给团队。只有当反馈尽可能保持中立、不依附、尽可能简单时，这项技巧才是最有效的。照镜子源于人们的好奇："这不是很有趣吗？"这样的好奇引领团队去探索，从观察到思考："这对你们来说有什么作用？收益是什么？缺点是什么？"

团队需要回答的基本问题是：这些模式为团队对话带来了助力还是阻力？决策如何制定？团队如何执行？当你为团队举起一面镜子时，团队有机会看到他们无意识的互动方式。当团队意识到这一点时，就可以选择是继续保持原状还是尝试新事物。

我们从镜子里看什么

模式。 所有的团队（系统）都会培养自己的行为模式。比起总是创造新的运行方式，拥有一个可重复的模式要高效得多。从团队互动中可以发现这些反复出现的模式。例如，决策制定的过程有什么模式？团队会对方案进行开放性讨论并以团队的形式得出结论吗？还是说这种模式更像谨慎小心的对话，团队成员会观察团队领导者的反应，遵从团队领导者的决定？

可以从以下几个方面寻找团队的行动模式：团队的惯常做法是什么？做得好吗？还是过犹不及？在压力之下，团队的默认反应是什么？团队如何减压？

团队规则。 我们在前面的章节介绍过相关内容。团队规则描述了那些不言而喻的"这里做事的方式"。这项技能的另一个应用，是为那些显而易见的团队规则提供一面镜子。例如：

- 不管备忘录上是怎么写的，团队中的两位高级分析师控制着整个议程。
- 团队会议上形成的所有协议都是有条件的。团队成员可以单方面为自己和自己的团队破例。

- 预算和预测的截止日期不是固定的。
- 当生产数量无法达成目标时，就归咎于采购和"供应链中常见的故障"。

团队角色。团队角色是指团队成员在团队中承担的非正式角色。随着时间的推移，它们逐渐得到确认。例如，总是呼吁采取行动的"导演"；描绘远大图景的"哲学家"；想要解决问题的"机械师"。很多时候这些角色将团队多元化的好处最大化，从而对团队动力做出有价值的贡献。但是，角色扮演过头会成为团队讨论和行动的阻碍。

对话范例：识别团队模式

教练：我可以分享一个观察吗？我注意到团队成员可以自由地表达观点并分享经验。我也注意到在某些时刻这个讨论又循环回来、持续绕圈。讨论开始失去动力，有两次我看到团队改变了话题。这看起来就像你们喜欢咀嚼美味，咀嚼完之后换些东西继续嚼，但没有任何行动，也不做任何决定。你们注意到这个模式了吗？

团队成员1：我觉得我们很享受这个对话。我很享受……

团队成员2：……而且我们不想全力以赴去做最难的那部分。那样毫无乐趣。我们想让所有的事情都保持在头脑风暴阶段和创造性层面。我们要仔细考虑所有的可能性。

团队成员3：是的，但是我们的确要做决定，我们知道这一点。

团队成员2：是的——终于要做决定了。

团队中发出一阵笑声。

教练：你们看到了模式。它能帮助你们得到想要的结果吗？

视角/换框法

> **视角/换框法**
> 注意并探索团队视角带来的影响，然后寻找更明智的选项。

当人们透过玫瑰色的眼镜看世界时，这个世界就是玫瑰色的。人们看到的是自己期望看到的，并且忽略那些不是玫瑰色的东西。人们寻找证据来确认一切都很好。对团队来说也是这样。团队的视角会影响团队看见什么，也会影响团队的态度、潜在行动的范围，以及团队的最终绩效。视角可能是积极的，也可能是消极的，还可能两者兼具。

举个例子。两家公司正在合并，这两家公司的领导团队也需要合二为一。对此，两个领导团队都持有同样的视角："我们无法与那些人一起工作。他们不了解我们的业务。"如果陷入这样的视角，两个团队就会把关注点放在各种误会上。"看见了吧？我告诉过你的。"团队的言行源于视角，但他们并未意识到这个视角的存在，并且对这个视角所制造的问题毫无意识。

要解决这个问题，第一步就是让团队意识到他们的视角。重组正在发生，两个团队需要合二为一。这是一个事实。主题是中立的，团队对待这个主题的态度却不是中立的。某种情绪和态度因视角而生，在能量场域中呈现出来。人们对结果的预期也与他们的视角相符。

第二步是寻找其他更明智的视角。这绝对不是在掩盖挑战，假装一切正常，太阳明天照常升起。这是打破紧张情绪或限制性信念，重新认识到双方可以从更多的角度看待当下的情形。

正常化

正常化
确认团队对当前情况的反应是正常的人类反应。

团队正在经历的体验对这个团队来说是正常的。他们也许不喜欢这样，但考虑到这个团队的运行情况，团队呈现出此类动力是正常的。"正常"并不意味着认可。如果团队对当前情况的反应破坏了团队的有效性，这类反应就需要被改变。"正常化"是为了让团队安心，让他们知道这类反应是可以理解的。

想象一下，你正在与一个高管团队一起工作。这家公司即将被收购，对此他们已经准备了一年有余。有两家收购公司正在竞争这次收购。这个高管团队对两家收购公司的评价都不高，前途似乎黯淡无光。与此同时，团队成员也失去了耐心，感到沮丧，并开始互相表达不满。在一次团队会议上，他们再次抱怨，而且这一次团队成员开始互相指责。

对话范例：正常化

教练：这是我之前没有见过的团队行为——争吵、抱怨、互相指责。这些行为之前并没有在我们的团队中出现过。考虑到这件悬而未决的并购案带来的压力和不确定性，这些行为当然是可以理解的。作为团队，你们已经忍受了好几个月的等待，事情却毫无进展。感到沮丧和烦躁不安都是正常的。那是种什么感觉？会带来怎样的影响？

强调价值多元

强调价值多元
强化团队对多元化的认识和接受度。

价值多元是团队绩效的七个积极性指标之一。它承认不同的观点、个性、沟通方式和工作风格的价值。多元化为团队带来了更多想法、观点和可能性，同时也带来了潜在的分歧与冲突。这就是为什么很多团队中都有遵从的压力。可能每个团队都有一条潜规则："为了维护和平，请不要兴风作浪。"在高绩效团队中，多元化得到了高度重视、鼓励和赋能。作为一名团队教练，强调价值多元这项技巧就是在突出多元，让大家关注。

强调团队价值多元的方法

识别声音。对于团队讨论的话题和讨论的过程，团队成员作为独立的个体有着各自独特的回应方式。他们回应的方式是对个体经验的独特表达。他们发言时，代表的是自己的立场，表达的是某个观点或情感。从系统的角度来看，他们是"系统的声音"。

例如，在一次团队会议上，一个新的项目想法获得了人们极大的热情和支持——除了一个角落。一位团队成员提出了质疑并解释了原因。这个团队中有很多热情的声音，同时有至少一个声音支持"怀疑主义"。

团队成员发出的这个声音一开始并不总是清晰的。澄清这个声音需要透过表面看到更深一层。这位团队成员表达了强烈的观点："我们需要找到新的供应商。"这不只是为解决实际问题而提出的一个建议。这位团队成员倡导的是"跳出思维定式"。作为教练，要寻找现实行为背后的价值观或优先级。情绪波动通常就是找到发声者的线索。

寻求同盟。当团队成员认为他们要说的话会不受欢迎或制造对立时，通常会对表明看法犹豫不决，尤其是当他们认为自己是唯一持有这个观点的人的时候。教练可以鼓励团队成员通过寻找潜在的支持者来畅所欲言。"还有谁也有同样的感受？"找到支持者可以帮助团队更加清楚地意识到，团队里有很多声音。作为一个如实反映的观察者，此刻你要做的就是揭露团队的真相：关于这个主题，团队中存在不同的观点。当前的目标并不是解决差异或讨论谁的观点"更正确"。教练可以简单地说："面对这个提议，团队似乎正站在一个十字路口。我听到一个声音说'我们准备好了'。同时我也听到一个声音说'要当心，我们尚未准备好'。在团队中同时有两个相反的声音，这是什么感觉？"

附加说明。在寻找支持者之前，确保发言者感受到他们的个人立场被听到。团队成员希望自己被视为一个拥有特别观点的成员，而不是一个被孤立的"系统的声音"。这一点对冒险挑战主流观点的个人来说尤为重要。要确保他们感受到被倾听、经验被认可。

练习 8-1："照镜子"技巧实践

练习这个技巧的一个简单有效的方法就是与团队在一起，寻找机会分享你观察到的典型团队行为。从一个简单的句式开始："我注意到……"为了强调这只是一个观察而不是一个评价，你也可以在句子前面增加一条免责声明，以确保中立："可能我说的不完全正确，但我观察到这里有一个现象，那就是我们总是把较难的议题放在会议的最后，导致没有时间讨论，最终讨论总是被延期。今天这个现象再次发生。有人发现这一点了吗？"

练习 8-2："识别不同的声音"技巧实践

识别不同的声音是你在任何团队会议中都可以练习的一项技能。你也可以在看电影或看电视的时候练习。当你倾听对话的时候，听的是人们的观点和立场，而不只是他们说了什么。请确保只是单纯地倾听，而不要给出任何反馈。这个练习是为了听到语言背后的深层动机。留意对话中的情绪波动，寻找那些被表达出来的价值观。问自己："这个人承诺了什么？他参与了什么？"

第9章
意识敏捷性
团队教练核心能力四：积极临在——伴着音乐起舞

这个能力是指教练要学会处在当下，就像跟随团队的音乐与团队共舞，帮助团队学习新的舞步，这样他们独特的舞蹈就可以更加有效地展示出来。这个过程需要教练非常专注，把精力百分之百地放在当下。而且远不止这些，当教练检视自己和团队当下所处的位置时，音乐不会停止，舞蹈还在继续。

临在并不是一种被动行为。教练并不是一位旁观者。在敞开与接收之间、临在与看到机会和前行的道路之间，有着持续不断的动态张力。临在和积极都是进行有效团队教练的必要条件。

在这个团队教练能力中，教练围绕一个核心问题展开工作："相对于我们想达到的目标，我们现在处于什么阶段？我们必须做些什么才能达到这个目标？"积极临在意味着对任何发生的事情都要保持灵活性和适应性。教练经常会执着于超前一步，准备好下一个精彩的问题。当然，提前计划是有帮助的，只是不要太执着于那个计划。否则当舞曲的曲风突然发生变化时，就有可能措手不及。教练也许已经做好了跳华尔兹的准备，但实际播放的却是嘻哈音乐。

音乐的变化给教练提供了提示。有时教练与新音乐无缝对接，有时是跟随，有时是引领。每个选择都是当下的选择。这就是积极临在的艺术。

优化团队的发展循环圈

团队教练的目标是团队发展：提高团队交付结果的能力，以及更高效地协作的能力。在团队效用模型中,这意味着提高生产力和积极性两方面的能力,以及改善这两方面能力之间的平衡。

这里有一个流程,如图 9-1 所示。这是一个以"我们在这里"为起点的发展循环圈。在这个起点上,我们可以问:"你们想去哪里?""到达那里需要哪些步骤?"学习之后将采取行动:"我们学到了什么?""什么是有效的?""什么是无效的?"然后到达"我们在这里",开始下一个循环。如果缺少"学习"这个步骤,就无法实现发展,只剩下忙碌的活动。这里的目标是每次循环都能取得进展。

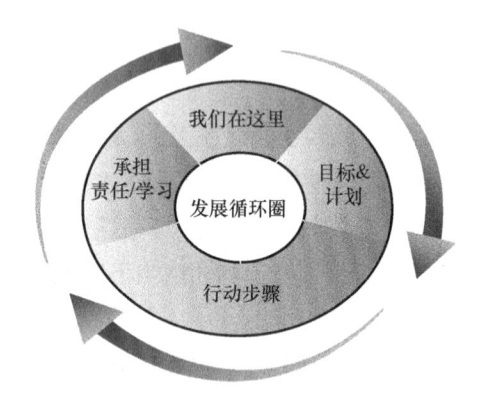

图 9-1 发展循环圈

这个发展循环圈适用于多个层面及相互关联的时间框架。例如,针对整个团队教练的参与度可以有一个发展循环圈,包括开始、中间、结束,并持续几个月。针对今天这场团队教练可以有一个时间框架和议程。针对现在正在进行的这场团队对话可以有一个时间框架。积极临在就是要同时意识到团队在多个维度的发展路径上的位置。

多屏扫描

当涉及团队时,很多事情就会很快变得复杂。上文介绍的那个简单、高效的发展循环圈也可以分解。这里有一个类比。也许你曾在电影或电视节目中见过这样的情境:在一栋办公楼里,有一间负责安保的办公室。几排显示器正在显示大楼里多台摄影机同时拍摄的闭路画面。有人正在监测这些画面。对团队教练来说,与团队在一起工作的情境与此很相似。

作为团队教练，你需要持续扫描、跟踪这些显示器，并随时准备对以下画面做出回应。

- 团队对话的内容。
- 能量场域、空间，以及当下正在发生的音调。
- 团队的动力。团队的动力包括团队独特的运行方式，以及团队成员是如何互相关联的。
- 发言或没有发言的团队成员。了解这些成员的个人风格。关注团队成员是如何为团队做贡献的。
- 团队教练工作坊的时间安排表。是否有无法按时完成工作坊的风险？需要做出调整吗？
- 意料之外或计划之外的事情：一个突然发生的、具有破坏性的、不在议程上的团队路线改变。
- 教练本人的能量和情绪状态。
- 某人说的话带来的影响，如教练说的话带来的影响。
- 其他。

以上所有画面不会在一台显示器里按照顺序依次发生。它们会同时发生。个人教练与团队教练的区别之一就在于教练需要处理的信息量不同。

立即行动的冲动

团队想要答案，尤其是当事情进展不那么顺利或团队没有达成预期绩效目标的时候。当这种令人烦恼的议题出现在一场团队教练中时，通常团队想做的就是直接把它给解决了，并往往使用过去使用过的想法和计划。立即采取行动非常具有诱惑力，因为团队看起来已经准备好了，甚至没有耐心去找到答案。要当心。很多时候采取行动的冲动来得太早。如果团队过早地转向行动计划，这些计划很可能是对团队以往的思维模式和做法的简单重复，从而错失了用新的眼光和不落俗套的思维方式去解决问题的机会。

对团队教练来说，随波逐流、屈从于团队的焦虑压力继续前进是很有诱惑性的。一个很有挑战性的选择是放慢速度，并且冒着让团队感到不愉快的风险。一个普遍的引导技巧是把团队冒出的好想法记录下来，然后承诺团队晚些时候回顾它们。这样做可以使团队感到安心。团队会感到他们被听见了，他们绝妙的想法被保留了下来，而且得到了一起计划新的行动的承诺，只是不是现在。

同样值得注意的是，相比进行一场激烈的、富有挑战性的对话，立即行动解决问题会让团队感觉更加舒适。团队对讨论的话题已经非常熟悉了。团队成员知道各自的立场，也知道如何避免进入微妙的、让人不舒服的领域。一个有价值的问题是："此时此刻，这是对团队来说最重要的讨论吗？"有些时候，行动计划或用以解决问题的讨论是摆脱困境的简单方法。

与平时那些快速的、高强度的、以解决问题为驱动力的工作相比，更深入、更有参与度的讨论需要以一种更慢的节奏进行。这并不意味着话题一定很沉重，但通常进度会更慢。高绩效团队可能会对此缺乏耐心。即使这一节奏颇为积极乐观，也更加有意识、更加深思熟虑。要想实现改变，需要时间、注意力和持续的练习以获取正确的行动步骤。

作为"舞蹈大师"，教练站在一个既需要刚性又需要灵活性的位置。当一个新的话题出人意料地出现，而这个话题对团队非常重要的时候，你会放弃时间框架、放弃正在进行或即将开始的流程吗？你会与团队确认并鼓励他们继续使用当前的流程和既定的时间框架讨论议题吗？没有一本现场指南可以告诉你什么是正确的选择。当然，有时候下一步最重要的就是停止一切，先处理好团队的关键问题，然后继续前进。这就是舞蹈。

关注内在和外在影响

教练的大部分注意力都集中在团队上：倾听、观察、感知、多屏幕信息监测。还有一小部分注意力放在教练创造的影响上。教练不是团队成员，所以按理说并不在团队系统内。但是这个角色产生的影响让教练在那一刻成为团队系统的一部分。教练说了什么或观察到了什么，教练是怎么说的，教练说话时的语调和状态怎样，所有这些都会给团队带来影响。这些语言之外的波段传递着潜在的信息。在整个团队中，没有哪个地方能保持百分之百的中立，或者不会对其他事物产生任何影响。团队基于教练的干预做出反应和感知，并对团队对话产生影响。

教练也会被当下发生的任何事情影响。教练可能会变得不耐烦、沮丧、困惑、分心、焦虑，这些都是正常的人类反应。对自身内在状态的认知对高效的教练来说是非常重要的。

从另一个层面看，教练正在经历的可能也是团队正在经历的。在这个系统的体验中，团队感到不耐烦、沮丧、困惑，或者与教练产生共鸣。教练拥有的体验就像一个音叉，与团队同步产生回响和共情。这是关于团队当下感受和体验的有价值的信息。

教练的目标对是团队当下发生的事情保持积极临在。有时候，人们很容易被其他事情吸引或分心，这一情况可能发生在事情进展顺畅的时候，也可能发生在团队崩溃脱节的时候。有时候，人们可能会感受到一种愉快的满足感和自豪感。但是，把注意力放在"我出色且完全胜任的表现"上也是一种分心的表现。当教练正在庆祝自己华丽的舞步时，舞蹈还在继续，现在教练需要跟上。

在以下情况下可能发生脱节现象。一个想法、一个观点、一种情绪反应可以将教练的注意力从团队那里转移到教练的个人经历上，而且这一切是瞬间发生的。当教练的注意力转向自己的内在经历时，要先意识到它，然后看看可以从这段经历中学到什么。假设这段经历中的一些信息可能对团队的工作有用，它是找到团队当下状态的一条线索。想象一下，作为教练，你注意到："听到保罗的发言，我变得有些暴躁。他是一个自认为无所不知的自负的家伙。"然后你对自己说："好吧。如果这不是我的问题，也不是因为我对他这种自抬身价的行为感到厌恶，那就好奇一下：这个团队发生了什么导致这种自吹自擂的行为？也许这里有一个模式。"教练真实临在的能力取决于他能否积极地意识到各种力量造成的影响。

警惕被系统同化

我们已经探讨了系统的自然倾向：向团队成员施加隐性压力以使其符合团队文化。关于这方面，要特别注意这样一个事实：系统也希望教练遵从团队文化。团队作为一个系统，创造了一个强有力的文化环境并广泛传播。它就像一块磁铁，吸引了所有人。团队教练需要注意的是，系统也在引导教练遵守它的规范、态度和价值观。

例如，与一个高生产力-低积极性的团队一起工作，你会很自然地感受到在采取行动、解决问题、迈出下一步方面的压力。这是这个团队给每位团队成员施加的压力。它让人感到不耐烦。它给教练施加压力，驱使教练更努力、更快。教练可能开始感到对团队来说最有价值的方式是采取行动。它让人感到焦虑。如果教练的呼吸开始变得急促，并且胸口发紧，这可能是系统正在施加影响。教练可能开始感到，如果不立刻采取行动，他在团队中的价值甚至他的专业可信度就会受到挑战。事实上，他正在被系统吸收成为新成员。

必不可少的复原能力

要知道，事情不会完全按照计划进行。当整个流程在崎岖的小路上颠簸行进，车轮开始脱落的那一刻，需要进行调整。作为教练，你很容易被绊住，这是人之常情。问题是，你要如何复原？这不是一个一般性问题，而是一个私人问题。你要如何自我复原？复原意味着教练回到沉着稳定的状态。这是让注意力重新集中到团队上的关键一步。团队才是所有工作发生的地方。衡量团队教练能力的真正标准不是看教练做了什么，而是看教练是如何复原的。

透明度的可见价值

在教练过程中，教练最有价值的贡献是非常明显的：大声说出每个人都知道但没有人说出来的事情。对每个人'包括教练'来说，当这种体验感觉被断开时，就很难保持临在。更多的时候，对教练来说，补救的方法往往是直接指出或大声承认大家都知道的事情。

当团队内出现混乱，或者事情并没有按照计划进行时，团队成员能够感觉到。此时，如果教练盲目地坚持继续前进，无论团队成员是否能意识到这一点，教练都可能失去可信度。寄希望于没有人注意到船在下沉，这样就可以继续划船，这个想法当然很诱人。毕竟，这样的情境可能让人感到尴尬。对教练来说，之所以出现这种情况，可能是因为忽略了团队对话的内容，提出了一个不合时宜的问题；也可能是在带领团队练习的时候忘记了某项重要的指令要求。真糟糕！

实际上，尽管有时会令人感到卑微，但保持透明有助于真正建立信任。团队成员知道他们可以指望教练告诉他们真相。团队会有一种如释重负的感觉。他们不再需要假意微笑，在情况明显不好的时候还装作一切都很好。在大多数组织中，常见的做法就是保持沉默。但是，通过把明显存在的事实讲出来，可以为团队注入诚实的空气，让团队长舒一口气。

团队教练技巧及范例：积极临在

过程管理

过程管理
了解团队的进展，根据需要进行调整以使团队保持在正轨上。

过程管理的目标当然是在团队发展方面取得进展。目的地是明确的，任何时候教练和团队都行进在团队发展的道路上。过程管理的技巧可以在时间线的多个层面同时应用；可以大范围地应用于团队参与项目的整个周期；可以应用于即将进行的团队教练，也可以应用于正在进行的团队活动。聆听反馈有助于在进度地图上绘制团队的位置。这些反馈有时候是来自团队的具体反馈，有时候是某个体验给教练带来的内在感受或更微妙的信号。这些信号可以证实教练的看法，或者为教练提供信息，提示其如何进行调整以帮助团队回到正轨。

举个例子。想象这样的场景。团队教练进行到一半的时候，团队的领导者在茶歇时间回复了一通电话。之后，她回到会议室，分享了最新的消息，开启了一场新的团队对话——谁知道这个话题需要讨论多长时间呢？这个话题对团队来说显然很重要。你需要做的是花几分钟时间与团队一起搞清楚这个话题是否紧急，团队是否需要立刻讨论，还是可以放到更晚些的时候再讨论。在这样的情境下，过程管理有两个层面的内容。

其一，教练需要决定往哪个方向走。其二，教练需要考虑的是，发生的这件事看上去打断了教练的正常进程，但有没有可能利用它来对团队进行更加深入的工作？理想的情况也许是，当下的机会可以帮助团队练习如何倾听、如何制定决策，或者练习团队需要学习的任何领域。

自我管理

自我管理

教练作为管理者，应时刻监督自己的体验，注意到团队对自己的影响，以及自己作为教练给团队带来的影响，然后在当下做出调整或重新连接。

到目前为止，我们的关注点都集中在如何保持直立、乘风破浪方面。很明显，积极临在就是把注意力放在团队正在发生的事情上。这听起来十分简单，却并非易事。实际上，教练的注意力会时不时地转向自己，教练也会与团队短暂地断开连接。这是人们对于所见所闻做出的正常反应。有上千条原因可以解释为什么人们会有这些反应，以及为什么大部分反应都是个人化的。每位教练都有自己独特的偏见和触发因素。

自我管理的技巧适用于两个维度：一是管理教练因团队或团队成员而产生的内在反应，二是管理教练自己给团队带来的影响。

还有一种自我管理的方式是，意识到团队作为一个系统正在试图同化教练。作为教练，如果你对团队文化的力量足够敏感，你就能感受到这一点。无论是团队庆祝胜利的高光时刻，还是沮丧压抑的至暗时刻，它的影响无处不在。积极临在意味着要意识到团队的力量——作为一个系统，团队正在拉你入伙，让你用它的方式看待世界，分享它的信念，遵守它的规则。请注意，如果一个团队感到无助，它会试图影响你，让你相信这个团队确实很无助，并且你对此无能为力。

透明化

透明化

一种为那些显而易见的事情发声的技巧。说出大家都意识到却没人提及的事情。这一刻的自我暴露通常也表明了自己的坦白。

保持透明的典型例子是教练的亲身示范。想象一下，作为教练，你正在倾听一场团队对话。这场对话开始变得混乱，很多声音插进来，并交织在一起。你认为这是提出一个强有力的问题的好机会。于是你问了一个问题，对方用茫然的眼神看着你。这是一个保持透明的时刻。"很明显，我迷失了。"或者"好吧，这个问题真是一记重锤。谁能帮我回到正轨？"

再举一个例子。教练正在引导团队做一个互动练习——这个练习已经做了很多次，每次都获得了成功。但是这一次，这个练习完全失败了。团队很清楚这个练习行不通。这个时候，一个选择是继续做下去，也许可以提点速，让它快点完成。另一个选择是承认这行不通，按下"暂停键"，并指出这一点。与其试图去维护一个虚假的专业形象，不如对发生的事情承担责任。事实上，这也是在为团队寻找机会，让大家从你的失败中学习。

　　保持透明也是一种很微妙的技巧，它可以让团队讨论没有人愿意谈论的话题。在邀请团队成员发言的时候需要保持敏感，毕竟，团队不会无缘无故地回避一个艰难或可能引起争论的话题。当然，团队也可能已经准备好了，甚至渴望找到一个安全的出口。教练可以将极具挑战性的话题拿到桌面上来讨论。团队成员对这个话题可能已经在私下里三三两两地讨论过，只是没有在整个团队中探讨。教练可能知道也可能不知道问题的核心，但能够感受到人们围绕这个话题小心翼翼地行走，并向其他人随口提一下。

　　几年前，我和我的同事与一个领导团队一起工作。我们能够感受到团队中存在的困扰。我们观察到某些事情的影响，这些事情肯定在那天下午的会议中抑制了团队的能量。第二天早晨，在团队到来之前，我们在白板上写道："这个团队正在忍受什么？"然后，我们像往常一样开始教练，完全不提白板上的这行字。终于，在茶歇之前，一个团队成员问道："我们到底要不要回答这个问题？"这似乎是一个完美的提示，并引发了一场突破性的对话。这个团队变得更加坦率了，这是我们之前不曾见过的。

恢复力

恢复力
与团队和当下流程重新建立连接的能力。

　　作为教练，你有时会失足跌倒，或者被一些你没看见的东西绊倒。你会认为自己对正在发生的事情看得很清楚，并将之反馈给团队，然后才发现，你和团队根本不在同一处。恢复力就是指在跌倒之后重新站起来的能力。这是一个非常个人化的过程。尴尬或评判会让你偏离团队教练，你要怎样重建连接呢？可以说一两个词语或短句，也可以做一个身体动作：在座位上挺直身体，或者站起来。你也可以使用总结的技巧来锁定对话。

与当下共舞

与当下共舞

保持敏捷，在必要时进行混合、流动、引领和跟随，以保持动力或调整团队的方向。

团队教练过程可以是笨拙的或优雅的，也可以是紧张的或安静的，可以如同走在一堆玻璃碎片上，也可以像在玻璃般光滑的地面上滑行。它总是难以预测。好消息是，丰富的反馈每时每刻都在为教练提供持续的资源。这些反馈告诉教练什么行得通，什么行不通，哪个流程一切正常，哪个卡住了。实际上，关于下一步要去哪里的信息提示两秒前才刚刚出现。可以说，舞会正在进行。教练一个团队需要保持高度的灵活性，这样才能够在复杂和多变的环境中工作。一味地按照原计划和时间表行动，很可能让教练陷入麻烦。在这种时候，一个关键的问题是："我们如何使用刚才出现的信息？"除非从全景视角去看，教练过程极少是线性的或连续的。在练习中更多的是即兴创作，这里的技巧就是与当下发生的任何情况共舞。

练习 9-1：创造性的舞蹈

即兴创作练习可以帮助教练增强创作的自发性和保持临在。你可以与同事一起做这个练习。

这个练习有一个经典的故事结构。凯特·考比特（Kat Koppett）在她的《想象力训练》（*Book to Imagine*）一书中，将这个故事结构称为"故事的脊柱"。可以把这个故事结构事先写在卡片或白板上，以供练习者使用。练习开始时，编一个简单的故事。你可以从经典的故事角色开始：为故事选定一位男英雄或女英雄，以及一个反面角色。在故事中设计一场战斗，然后英雄赢得了战斗，故事以英雄的胜利结束。

自行决定谁先开始，然后每人轮流一句，按顺序完成以下这些句子。

"从前……"

"每天……"

"但是，有一天……"

"因此……"（发生了一些事情……如有必要，可以多次重复这句话。）

"最后……"

"从此……"

"这个故事的寓意是……"

这些句子有时只是在对方的句子里加入一些新东西，有时会把故事带到新的方向，或者引入一些出人意料的角色。

这个练习可以为你和同事的共舞提供创造性的流程，有助于你们随时练习新出现的信息。你也可以在团队中使用这个练习。将团队分为两人一组，练习扮演故事中的角色。然后在团队中使用"故事脊柱"，共创团队故事。你可以让团队成员围成一个圈，或坐或站，每人一句挨个讲故事。这个练习最后的总结应该非常有吸引力。团队共创的故事是团队的自述。

第 10 章
为了谁的利益
团队教练核心能力五：全情投入——站在火中

作为团队教练，承诺对你意味着什么？人们很容易做出这样的假设，即教练工作的本质要求教练做出承诺。但正如教练所说，除了一般性承诺，还有一种更高层次的承诺——真正的承诺。

教练一个团队是一项艰巨的任务。团队教练在一个复杂的、通常是混乱的环境下工作，与难以预料的各种人格、优先级、假设和目标打交道。在这样的环境下，变化是常态，教练需要快速做出决定。面对这样的挑战，需要高度的承诺，一种为了团队的利益"跳入火中"的意愿。还有，不仅教练需要做出承诺，为了实现有意义的转变，整个团队也需要做出承诺。

承诺就像滋养团队教练流程的养料。这是团队教练区别于个人教练的一个重要领域。在个人教练中，教练关系始于承诺。当然也有例外的情况，但总体来说，被教练者已经跨越了承诺的门槛，准备好与教练一起工作来实现某个目标或愿景。这是为了改变而做出的一个有意识的决定。

在团队教练中，尤其是在团队教练刚开始的时候，团队会有一系列反应。从某个层面来看，团队有这些反应完全可以理解。对大多数团队来说，团队教练是一个新领域，与他们之前的体验非常不同。团队教练肯定不同于培训课程，也不同于团队建设活动。团队教练包括持续推进的行动，它改变了工作的性质。它不是一次性的干预，而是一种持续数月的专业工作。

持续的关系是团队教练流程有效性的关键。团队与教练之间的互动可以让团队在教练旅程中无论遇到什么困难都能保持动力。当维持原状的皮筋试图把团队拉回旧有模式、旧有行为的时候，承诺可以保证整个过程继续向前推进。这是团队和教练的共同承诺，目的是更有效地与团队一起工作，取得更多的业务成果，并且创造一个支持性的、参与性的团队文化。

这个能力需要教练回答几个简单而重要的问题："你承诺什么？在现实层面，对团队发展做出承诺意味着什么？你有多大的意愿信守承诺？"

关于这个能力更大的一幅画面是：从一开始，团队教练本人就是在持续推进的教练关系中恪守承诺的典范。教练在教练过程中做出的严格的、明确的承诺，以及团队获取的成功，将支持团队的工作，特别是当团队旅程出现颠簸或弯路的时候。

团队的捍卫者

我们之前说过，团队倾向于遵守心照不宣的限制性信念。那些限制性信念会变成故事，团队会一遍又一遍地对自己讲述这些故事。限制性信念可能是这样的："好吧，这就是我们做事的方式。""你必须明白，我们不得不这样做。"他们总是带着一种听天由命的语气，从改变的边缘退回舒适区。"这里所有人都知道……"也是一种限制性信念。

作为团队教练，你要调频到那些暗中破坏团队潜能的信念上，并基于团队的优势，为团队勾勒一幅画像，即使团队还没有看到这幅画像。这幅画像是教练坚守的对团队的承诺。

澄清一下，教练在这里扮演的角色不是一个简单的啦啦队队长。做一个真正的团队捍卫者需要教练的承诺。教练看到了团队展现出来的优势，以及曾经表现出来的坚韧和卓越，这份承诺就来源于此。最后，这幅画像并不是为了告诉团队他们还不知道的东西，而是为了提醒他们是谁，以及他们会成为什么样的团队。

愿意挑战

教练对团队的承诺也可以以挑战的形式出现。团队可以清楚地觉察到事情进展得并不顺利。他们可能在沟通上遇到了障碍，团队成员倾向于自我防御、忽略彼此、缺乏责任、缺乏一致性……无论遇到的问题是什么，它们都削弱了团队的能力，破坏了团队的效能。同时，这里也有一个众所周知的世界。大家都知道规则，知道会发生什么，也知道如何在障碍中行使职责。这是一个熟悉的陷阱、牢笼，团队已经学会如何忍受并在这里工作。

当团队动摇、抗拒或停滞不前的时候，当团队的承诺三心二意的时候，可能正是教练拿出足够有力的承诺来提出挑战的时候。这样做并不是为了完成教练计划，而是出于教练对团队做出改进的承诺，出于对做出改变、塑造更加高效的团队的渴望。

作为团队教练，当你看到团队墨守成规、运行低效，或者听到团队为了避免讨论艰难的话题而放弃大胆的对话，转而进行更舒适的对话时，通常会感到不耐烦：对团队的行为而不是团队本身不耐烦。教练既能看到团队表现出最佳状态的可能性，也能看到团队低估自己、犹豫不决的样子。在这两种情况的交叉点上，教练需要准备好挑战团队，帮助他们看到他们逃避的，鼓励他们看到哪些是他们力所能及的。对很多高层领导团队来说，教练在这样的时刻站出来并挑战团队，可以为他们注入特殊的力量。他们可能并不习惯被挑战。

提出挑战并不容易。它会引发所有教练都会有的恐惧："这会激怒他们吗？我会因此丢掉客户吗？他们会不会联合起来对付我？"这就是为什么说承诺是教练与团队一起工作的一个重要能力。正是这样的时刻才是对承诺的真正考验。

等待的能力——耐心

"等待"一词的英文为 wait，你还可以把它理解为"我为何讲话"（Why am I talking）的缩写。这是对教练的提醒，教练在开口说话或进行干预时，应该有明确的目的并有利于教练进程，而不只是为了打破沉默。沉默可能令人尴尬，教练可能会产生强烈的冲动要说些话缓解尴尬。有时候，教练的脑子里有一个声音在低语："快做些什么！他们在谈论你。他们不懂你在问什么。再问一遍。换个方式。"

要抵御这种诱惑。等待是一个强有力的教练技巧。如果教练对沉默感到不舒服，团队也会一样感到不舒服。到了一定时候，总会有人开口说话。沉默经常是团队进入新领域的标志。

当某个话题已经被多次讨论，各种观点和立场已经众所周知的时候，教练很容易将团队对话进行下去。每个人都可以说些什么。沉默可能代表他们需要一些时间去反思。这为团队提供了必要的空间，让他们可以取得突破性进展，鼓起勇气讲出那些还没讲出的话，或者用一种新的方式去看待问题。

陪伴、允许、扩展团队

承诺也包括"相信流程"的承诺。教练难免会遇到这样的时刻：团队陷入困惑或冲突之中，暴风雨即将来临，团队对话就像掉进一个深不见底的黑洞。当教练感知到这一切时，会很自然地产生冲动想把团队拉回到光明的地方，回到一个积极的而不是摇摇欲坠的地方。教练可能有一种通过看向光明的一面从而逃离阴影的冲动。当心这样的冲动。很可能团队正好需要在这个地方更加深入地探索真相、事实、棘手的事情。相信流程包括相信教练已经为团队创造了足够安全的空间。进行这一艰难对话的勇气始于教练，始于团队开启一段他们一直在回避的对话。团队压抑已久，现在是时候面对这一切了——无论他们是否准备好、是否愿意。

实际上，教练对拯救团队的冲动反而会剥夺团队深入探索的机会。另外，有一部分团队成员也可能非常希望从黑暗中走出来，来到一个感觉更放松、更安全、更安心的地方。对团队来说，改变议题是一个可预测的逃跑策略。作为教练，承诺意味着重新把团队带回有挑战性的议题上来。即使这令人不适，但这个议题显然更加富有成效，可以为团队带来更多成长和发展。

相信流程也是相信一切总有尽头，那份内在的、难以压制的、解决问题的渴望终将引领团队向前迈进。团队也许需要在教练流程中多待一会儿，直到他们准备好接受新事物。在这种情况下，承诺就是为了团队获得进展而忍受不适的意愿。

关于"陪伴"团队的承诺，还有一层含义。达成下一个目标（继续保持前进）的压力如此巨大，以至于团队错失机会，未能庆祝已经完成的重要目标。努力工作和意志坚定是优秀的团队品质。而暂停一下，认可团队的成就，可以建立更强的团队认同感，强化团队自己的故事。

认可团队个人和团队整体有助于团队恢复精力、重燃动力。对一些团队来说，这似乎是不必要的干扰，感觉会分散团队"真正工作"的注意力。在这种情况下，教练的工作可能是挑战团队让他们庆祝。但这并不只是一个简单的聚会，在庆祝过程中，人们可以挖掘经验、总结收获，从而帮助团队基于已有的成就建立更加强有力的地基。

让团队承担责任

团队会制订他们无法遵守的计划和承诺。对此，他们会给出合理的解释。出于同情和理解，教练也许会倾向于宽容、原谅，然后继续教练。实际上，这样的时刻提供了一个绝好的机会去探索团队真正的承诺是什么。问责不是问"做没做"，也不是评判或羞辱。为问责设定一个高标准的目的是让团队从发生的任何事情中最大限度地吸取经验教训。问责是为了让团队承担责任。"你们学到了什么？要如何改进？你们需要什么支持？你们想给自己提出什么要求？"

高绩效团队会持续展现责任感。他们不会唠叨个不停，而是在必要的时候，清晰地、带有同理心地给予支持。这些团队意识到，每个团队成员在任何时候都对团队结果负有责任。让团队承担责任就是一个强有力的建立承诺的示范。

把问题交还给团队

有些时候，团队可能会问教练："我们该怎样做？"这是团队在寻求答案或建议，他们会很自然地想得到团队教练的帮助。在教练模型中，教练首要的，也是最重要的做法，是把这个问题交还给团队。这样做有充分的理由。在我们与团队合作的四个指导原则中，有一个原则是"团队有能力实现卓越的绩效"。我们相信团队具有内在的创造力和能力。

团队比教练更加了解自己的业务、所处的情境及各种可能性，并且更有可能认可并执行自己制订的计划和方案。找到解决方案的过程也是团队深入探索问题、深入了解自己、学习如何一起工作解决问题的过程。他们对结果会更负责，更有动力付诸行动。

如果教练提供了答案，那么就会产生两个问题。其一，这样做强化了团队的依赖感，而教练的目标是为团队赋能，不是卷入其中。其二，如果教练提供了答案，而答案并未很好地解决问题，团队就会把失败简单地归咎于教练。

教练的角色转换

正如上文所说，教练首要的，也是最重要的做法就是把问题交还给团队，尊重教练模式的根基。这也是个人教练和团队教练之间的另一个实质性区别。在传统的一对一教练模型中，我们认为"客户拥有答案"。在一对一教练中，我们小心翼翼地避免提供建议或解决问题。而与团队一起工作时，根据我们的经验，这是一个不同的环境，人们有不同的期望。

作为教练，如果你只是通过提问"你们想怎么做"来把问题交还给团队，从而避免回应团队请求帮助的声音，别人就可能觉得你不愿意帮助团队。正确的做法是融合团队的请求。例如，教练可以这样提问："过去行得通的做法是什么？"或者"你们看到其他团队在类似的情况下是怎么做的？"教练也可以提出进行头脑风暴来与团队一起寻找解决方案。在头脑风暴中，教练的建议是共同贡献的一部分，而不是一种权威的指导。

当团队为寻找答案而挣扎时，教练在明明具备专业知识可施加援手的情况下，却要保持旁观，这似乎是错误的做法——至少从团队的角度看是这样的。团队并未承诺去做某个特殊模型的纯粹拥护者。他们需要帮助，他们并不在乎教练扮演的究竟是什么角色。因此，归根结底，团队教练仍然是一种教练方式，有时教练的角色看起来更像一个具备宝贵经验和专业知识的贡献者，一个为团队提供缺失技能的培训师，或者一个协助团队完成经典讨论流程的引导师。作为教练，你如何知道什么时候转换角色？好吧，这正是教练工作的艺术。你需要相信自己的判断。

不断增加的承诺

因为教练遵守承诺，所以团队也会更加遵守承诺。持续的工作会建立承诺——不仅是对教练过程的承诺，也是对团队发展和团队成员彼此的承诺。随着时间的推移，团队成员会越来越多地看到团队的利益，并且围绕团队利益做出决策。承诺是一种炼金术，可以将各自为政的团体转化为相互依存的团队。当团队成员愿意对团队目标而不是个人议程做出更多承诺时，就产生了非凡的力量。

缔约——建立盟约

教练和团队之间有一份看不见的协议："我们在这里一起为了团队的发展而工作。"教练和团队之间的协议越清楚、越明确，双方就越容易遵守承诺。在团队教练的早期进行这样的缔约对话，对设定期望、明确假设、建立基本约定及澄清角色具有极大的价值。这样的对话可以让团队和教练达成共识。强有力的缔约为团队和教练创造了共同的理解，包括双方一起工作的目标和意义。

如果"缔约"这个词听起来比较生硬，或者会引起某种敌对的情绪，也可以使用另一个词——建立盟约。打造一个有效的同盟关系意味着，双方既要通过每个人的参与来达成协议，也要有一种所有人都投入其中的互惠意识。特别是，在教练模型中，同盟关系还具备适应性。一个真正的同盟关系可以随着时间的推移进行重塑和调整，以便持续满足同盟各方不断变化的情境与需求。

为了团队的利益，也是为自己

对教练来说，还有一个需要承诺的方面：对自己的承诺。这是关于教练个人的承诺。"为了……的利益"，如果是为了教练的利益呢？与团队一起工作对你来说有什么意义？当然，作为教练，你希望团队获得成功，达成他们的目标，赢得他们应得的认可。这样的工作可以为你带来巨大的满足感，也会让你精疲力竭。

所以，是什么激发了你从事教练工作？回报是什么？基于我们多年来与许多教练的对话，很明显，这是一项有意义的工作。同时，每位教练的核心答案都是独一无二的。这种对意义的感知，就是承诺发生的地方。试着用自己的方式完成下面这句话："我这样做是为了……"你承诺了什么？是什么让这份承诺持续存在？

团队教练技巧及范例：全情投入

介入/引领

介入/引领

必要的时候，应有力地干预、打断对话，将方向重新调整到建设性的流程上来。

我们在前文介绍过一个技巧——"适时干预和适时退出"。这是一个让摇摆不定的对话再次运转起来、恢复动力的技巧。有时候一次温和的旋转还不够。必要的时候，教练需要果断地打断对话，掌控这一时刻。

这样的时刻可能开始于一场走向失控的激烈争论，可能开始于感到挫败的团队成员转向互相指责和人身攻击，也可能开始于主题已经明显地偏离正轨，团队成员陷入琐碎的讨论，因为谈论在哪里停靠自行车这样的事情，要比处理糟糕的团队沟通及其对信任造成的破坏更加容易。在这样的时刻，教练有责任干预，而且是强有力的干预。这是教练对团队承诺程度的衡量标准。

干预的方式因不同教练的特点而不同。教练可以用幽默缓解房间里的紧张感；也可以带着同理心和同情来干预，如"考虑到最近流程的变化，我完全理解团队中每个人巨大的挫败感——但是互相指责并无益处。如果让自己透透气对你们来说有帮助，你们可以尽情地表达这个新情况给你们自己和你们的工作带来的影响，但是在某些时刻，继续向前走是很重要的。你们打算用多少时间来透气呢？"

顺便提一下，"透气"是另一个有用的技巧，教练需要小心使用。有时候团队被长期积压的情绪淹没，这些情绪可能是沮丧挫败、缺乏公正、感受到不被尊重。他们需要透透气，释放一些积累已久的压力，然后重新出发。

喝彩助威

喝彩助威
成为团队的头号拥护者，尤其是在充满挑战的情况下。

作为教练，有一种方法可以让你看到团队的可能性——看到这个团队天然拥有的能力和智慧，尤其是在团队无法看到自己的能力和智慧的时候。作为团队的捍卫者，教练应相信团队有能力面对挑战。

想象这样一个情形：一个项目团队的项目时间已经过半，项目进度却只完成了25%。由于一系列的反复、突发事件和失败，团队被迫减缓了进度。令人遗憾的是，其中一些伤害是团队自己造成的。团队里弥漫着悲观的情绪，这些令人泄气的消息就像一场风暴，激起海浪掀翻了团队。团队正在失去动力，逐渐转向"受害者心态"。他们的观点是："这个项目从一开始就注定要失败。我们不可能按照这个时间点完成。这个项目的资金严重不足。他们到底是怎么想的？"受害者心态滋生了批判、指责和挑剔："如果研发部门可以齐心协力，确定好第一个版本的功能……"下面演示了捍卫者这个技巧如何发挥作用。

对话范例：为团队喝彩助威

教练：你们看起来相当气馁。

团队成员1：到处都是阻力，团队还能做什么呢？

教练：好吧，我们先暂停一下。你们还是当初的那个团队吗？去年你们克服了几乎与此同样艰难的阻力，按时、按预算完成了"罗密欧"项目。这是在我们刚开始教练的时候，我听到的团队故事。

团队成员2：这次的问题不一样。我们之前没有遇到过关键供应商解约的情况，但你是对的，我们还是那个团队。

团队成员3：上次是整个团队共同努力的结果。

教练：从那次经历中，我看到了团队的一个价值观，我认为它是不屈不挠的精神。是这样吗？

团队成员1：这正是我们团队的价值观。

教练： 如果从下周开始，你们重新创建一个"罗密欧"项目团队，一切会有何不同？你们知道自己肯定能做到。因为你们曾经做到过。

挑　　战

挑　　战

挑战通常是以说出残酷的事实或提出强有力的要求的形式出现，这些要求远远超过团队愿意承担的范围。这是一种帮助团队拓展边界、跨越边界的能力。

当团队远未达到最好状态，却满足于现状，并且用一些站不住脚的理由为自己辩解时，教练应指出团队的这些行为。当团队容忍霸凌，或者在明显会损害团队或团队成员利益的情况下，教练应使用强有力的语言挑战这个团队。当团队开始后退，放弃他们曾经看重的承诺，转而选择了一条看起来容易走的路时，作为教练，你愿意大声疾呼，把他们唤醒吗？

这样做是有风险的。一个强烈的挑战可能听起来像教练的评判。作为教练，你通常不了解导致团队做出某种决策的全部背景。很有可能你大胆地跳了出来，结果所有人开始针对你。你有很多理由保持克制或谨慎，但至少有一个理由让你站了出来：对团队坚定的承诺。如果教练示范给团队的是小心翼翼、安全行事，那就等于默认团队也可以这样做。

然而，如果挑战来自对团队的真正信念——真正关心团队的成功，并来自对团队的尊重，就会让挑战看起来更像一个残酷的事实，而不是评判。还有，教练无法精准预测团队成员会如何回应，因此需要有能力站立在烈火之中。做到这一点需要更高程度的承诺。

对话范例：挑战团队

教练： 抱歉，我需要在这里打断一下。大家的讨论让我感到头晕。你们只是在不停地绕圈。而且，在过去和大家一起工作的四个月里，我从未见过这个团队对你们之前宣称不可妥协的事情如此谨慎。

团队成员 1： 现在的情况很复杂。

团队成员 2： 而且随着卡尔·安德森的离开，情况变得更加复杂。他是我们的头号支持者。

教练： 作为一个团队，你们需要共同做出决定。你们到底要不要表明立场？继续绕圈子可不是在做决策。是的，正如你们所说，这事关重大……

团队成员3： ……而且如果我们什么也不做，风险会更大。

教练： 我对你们发起的挑战是，你们去见董事会，做好准备捍卫你们的承诺。"谨慎"和"妥协"不属于这个团队——不属于今天的讨论主题。现在，下一步是什么？

在一起/放大

教练应帮助团队扩展体验，留在舒适区之外的地方，甚至将其扩展成一种体验，以实现团队的最大价值。这个舒适区之外的地方可能是一种阻碍团队进展的无效行为，也可能是一个庆祝或获得认可的机会。

有时候，在通往高绩效团队的道路继续上行之前，需要先下行一段。有时候团队在找到新的出路之前，有必要先完整地体验一把什么是"行不通"。

这里有一个真实的团队案例。这是一个项目团队，他们当前的进度已经远远落后于正常的项目进度。项目目标换来换去。功能特点和项目要求一直在变。团队成员加班加点地工作。项目预算有限。团队成员最初还能充满热忱地合作解决问题，但他们现在越来越各自为战、保持沉默，"做好自己的事情就行"。这已经不是该团队第一次解决团队成员之间的壁垒和独自行动的问题了。在一次团队教练中，团队成员提出了很多建议，大家承诺将更加通力合作。每个人都一致认为保持紧密的沟通对项目的成功非常重要。两周之后，团队又回到了同样的困境。他们再次表现出了无效的行为。

是时候让团队真正体验一下什么是功能失效了，这有助于让他们共同深入地探讨团队的这种默认行为，以及这些惯常行为带来的后果：给团队个人、团队整体及项目带来的影响。团队很可能感到不舒服，但只有彻底体会到不舒服的感觉，团队才会跨越边界。只要团队还能凑合，他们很可能还会走老路。这是需要对团队做出深刻承诺的地方。

教练有时候很容易认为自己的工作就是把一切都搞定，会有一种提供帮助的冲动，这看上去可能像把团队从混乱中拉出来，但实际上这并不是教练的工作。教练的工作是为团队赋能，有时候这意味着允许（甚至帮助扩展）团队正在忍受的糟糕的体验，让它变得再也无法忍受。这种体验会成为推动团队脱离困境的动力，并帮助团队跨越边界，进入新的、更加有效的领域。

有时也需要关注这种情况。有些团队过于强调前进，或者保持中立，以至于忽略了庆祝成就的机会，或者认为庆祝并不重要。在这种情况下，团队可能因为节奏太快而错过为团队注入自信的那个强大时刻。毕竟，团队可以从成功中学到很多东西。

强化机制

强化机制

创建行动步骤以强化新行为的技巧。

强化机制可以是任何结构，可以帮助团队始终保持对团队目标或实践行动的注意力。意识觉察是改变的起点，但持续的改变需要采取行动。否则对话就只是一个展现精彩想法和美好意图的"喷泉"。

强化机制支持行为改变。有两种基本的方式可以随着时间的推移整合变化。一种方式是设定目标：在具体的时间内完成具体的结果。另一种方式是建立一个新的实践练习，或者培养一个新习惯。

强化机制有无尽的可能性，只有团队的创造力和承诺会限制这些可能性。一些简单的强化机制的例子包括：

- 每次团队会议之前朗读团队的协议，会议结束时再读一遍，同时请团队回答这个问题："我们学到了什么？"
- 团队可以设计并坚持写跟踪日志，以监督团队的绩效目标和阶段进展。
- 在团队例会中添加一项议程，请团队成员汇报自己收到和给出的反馈，团队一起探索可以让反馈更加方便且有效的方式。

强化机制提供了监督进展的方法，并让团队成员互相负责。

如果说行动计划回答的问题是"我们想要什么样的成果"，以及"我们如何知道已经获得了想要的成果"，那么强化机制回答的问题就是"什么可以让我们继续前进"。强化机制让团队能够整合新的团队协作方法，并实现更好的业务结果。强化机制可以将一个好想法变成一个看得见的行动。

实际上，团队应该很熟悉这个领域。个人绩效目标管理和 KPI 都是组织中常见的强化机制。跟踪里程碑的完成情况也可以作为一种强化机制，并适用于团队成果和 KPI。创建强化机制这一技巧可以用来强化团队的改变行为。

建立盟约

建立盟约

对工作关系进行有目的的设计，设定明确的期望，揭示假设。

对团队来说，最常见的绊脚石之一是角色和职责缺乏清晰度。现实中经常发生这种事。如果团队成员对角色和职责的期望或理解不一致，那么就很难承担责任。对教练和团队来说，这可能是一个严重的问题。绊脚石产生的原因是团队未能校准一致——大家的假设和期望并不一致。

在一段团队教练关系中，明确的约定尤为重要。这是因为团队教练的工作不是传统的团队建设或咨询，很多团队对此并不熟悉。在与团队合作的早期——探索发现和评估阶段，是理想的建立盟约的时间，教练可以利用这段时间和团队一起针对工作关系展开一场有意识的、意图明确的对话。这既是在培训团队，使其了解团队教练的流程和工作方式，也是教练和团队之间的一种互利互让的协商，为双方创建最佳的工作同盟关系。

这场对话的主题可以包括：
- 期待从教练过程中获得什么。
- 教练的角色，或者"作为团队的教练，大家期待从我这里获得什么"。
- 对团队有什么期望。
- 如果发生偏离主题或观点不一致的情况，需要怎样做。
- 找出潜在的障碍，以及当这些障碍出现时需要怎样做。
- 为了能够一起创造一个安全的、鼓励的、支持性的教练氛围，需要约定什么。
- 团队还有什么问题或关注点。

当有了清晰的、共同的理解时，承诺更加容易实现。与相信双方达成的约定和一致的目标相比，依靠自己的假设和未表达的期望会更加有风险、更加不稳定。

建立盟约这个技巧不仅可以为教练和团队之间的长远关系提供稳固的平台，而且在具体的情境下也是如此。想象一下这一情形：一天早晨，在团队教练开始之前，团队了解到一个组织重组计划会彻底改变他们与关键利益相关者的关系。很明显，原定的教练议程不再适合当前的情境，必须重新讨论并修改当天的教练目标和结果。这就是具体情境下的建立盟约。

这里潜在的承诺是为了团队持续的发展，让每个机会都得到最大化的利用。不要试图跳过团队因这个新消息而产生的反应和情绪，并试图继续往前走，就像什么也没发生一样。要抓住并利用这个机会，帮助团队学习应对变化的有效方式。在某个特殊的情境下，也可以用同样的方式建立同盟关系。例如，"团队之前已经达成共识，我们今天将一起探讨我们团队的'屋中象'。但是在进入这个长期以来被团队小心回避的话题之前，也许明智的做法是承认今天早晨团队发生了一场艰难的，甚至可能引发争议的对话。"然后问团队："关于如何进行今天这场团队对话，大家希望达成什么样的约定？"

练习 10-1：创建强化机制

强化机制可以有不同的形式。它可以是对目标或承诺的简单提醒，也可以是监督进程或记录完成步骤的机制。有些跟踪进展的强化机制大家已经很熟悉了，而且已经在团队中使用了。例如，每周的销售数字报表或服务电话报表。报表就是一个强化机制。好的强化机制服务于两个目的：维持团队对行动的关注度，这是功能性目的；激励团队或为团队赋能，这是激励性目的。

与团队一起工作，练习创建不常见、不熟悉的强化机制。团队现有的常用强化机制仍然可以支持团队行使功能，但它们过于温和，无法激发团队的热情，就算在强化机制中添加一个背景颜色鲜亮的电子表格也无济于事。可以创建一个可视化强化机制，如照片、图像或视频片段。如何利用这些可视化的资源来提醒团队成员履行重要的行动或承诺呢？我们曾经教练一个项目团队设计了一种特殊的手工版里程碑奖励，每周五举行一场盛大的仪式,将这个奖励颁发给值得表扬的团队成员。对外人来说,这样做可能看起来有些可笑,但是对团队来说,这是一个非常有吸引力的奖项,也是一个让团队成员从团队中脱颖而出中的机会。

  与团队一起工作,选择团队希望达成的一个具体目标或新习惯,头脑风暴 6~10 个不同的强化机制来支持团队行动。再做一个练习,跳出思维定式,选择一个你想实现的个人目标或新习惯,头脑风暴一些富有创意的方式来创建强化机制。

第 3 部分

重要的问题

本书以一个清晰的提问和一个清晰的探询开始。提问是:"是什么让团队变得优秀?"探询是:描述一个可重复的流程,并通过这个流程把技能传授给团队。我们相信,前文所述的优秀团队模型已经为这个问题提供了可信的、经过验证的答案。一个经过深思熟虑的团队教练流程,可以帮助团队完成任务,带来可持续的结果。在第 3 部分,我们基于常见的问题,讲述了教练流程中特别值得关注的几个领域。

本书最后探讨了团队教练的潜在意义和目的,以及除了改善团队绩效,它还有哪些潜在影响。团队教练带来的商业价值是清晰且可衡量的。此外,它还带来了超越商业价值的更深层的意义和影响。

第 11 章
特别注意事项

本章集合了几个不同的、重要的附加主题，因为这些主题不断地出现在团队教练的对话中和实际应用中。我们从最常被提到的问题开始："什么样的团队适合进行团队教练？标准是什么？"

适合进行团队教练的最佳候选团队

人们经常遇到这样的假设：团队教练是解决团队功能失调的最后灵药。当然，有时候可以这么说。当其他尝试都未能帮助团队走出困境时，团队教练就像一条救生索。在团队教练得以广泛推广之前，这样的假设可以理解，但它没有考虑在真实环境中存在的大量低绩效团队。请记住，我们的测评数据显示，只有不到 1/10 的团队在开始团队教练之前是高绩效团队。当组织越来越了解团队教练并把它当作发展工具来使用时，就积累了越来越多的成功数据，这为团队教练的广泛应用打下了基础。简而言之，适合进行团队教练的最佳候选团队可以来自不同的组织形态、阶段和层面。以下我们列举了一些标准来帮助筛选最佳候选团队。

强烈的紧迫感

所有的团队，甚至是高绩效团队，都能从团队教练的方法论中受益。在全球范围内，我们在各行各业（包括学术界、非营利组织和非政府组织）的团队实例中都看到了这种说法的普适性。但是，适合进行团队教练的候选团队都有一个重要的条件，那就是强烈的紧迫感。

以下有一些典型的例子。

- 项目团队通常是适合进行团队教练的典型团队。一个成功的项目有明确的时间线、承诺的结果和预算。对项目和项目团队来说，风险大、时间紧是显而易见的。
- 合并或收购涉及将两种重要的文化融合在一起，无论在宏观层面还是在团队层面。要尽可能快速地整合团队成员，使其协同有效并做出贡献，这项工作具有很大的挑战性。大多数情况下，即便没有有效的干预和支持，团队也会随着时间的推移而自行整合，但结果时好时坏。团队教练可以显著加速团队整合过程。
- 在这样的案例中，需要重新审视优秀团队模型中的所有因素，最重要的是让双方团队对这些因素达成一致。一个严格的、一致的、负责的团队教练计划为此提供了一个结构。这一结构也支持任何组织的内部重组。规划新的职位名称或汇报层级是组织组建一个新团队的第一步，往往也是唯一的一步。由此，组织就错失了利用这个机会来构建高效新团队的机会。
- 人们通常会期待高层领导团队有紧迫感，毕竟他们需要对组织的方向和绩效负责。他们更是组织中其他团队效仿的对象，是组织协作和一致性的标杆。所有人都会关注高层领导团队的言行。
- 虚拟团队（团队成员处于不同的地域/时空）也非常适合进行团队教练。虚拟团队的绩效很大程度上建立在较少的、缺乏实质性的、仅基于技术平台的互动的基础之上。虚拟团队的环境正在快速发展，团队需要知道如何在新环境中更有效地达成绩效。
- 当团队正在转型或经历意料之外的变化时，他们需要紧急支持。例如，团队领导者变更，团队增加了新角色或新任务，团队外部发生了重大事件，如市场上的重大公告。任何给团队带来新的或更大压力的变化都可能带来紧迫感。

如果没有强烈的紧迫感，团队教练将缺乏可持续的动力，这种动力对任何变革过程来说都是必要的。短期内团队互动方式的改变可能会带来尴尬，进行改变意味着人们必须走出舒适区，这需要投入精力和注意力。当团队在改变的路上专注地完成任务时，就会看到这个过程的长期收益正在慢慢显现。紧迫感和对过程的承诺，是人们在团队教练中保持投入的动力。

团队领导者的支持

团队是个系统，每个人都有责任投入其中并保持活力。但是，团队教练成功还有一个重要条件，那就是团队领导者的支持和承诺。团队中的每个人都会从团队领导者的行为和投入度中得到暗示。团队成员将观察团队领导者是如何参与教练的，其投入度将成为团队成员衡量自身投入度的标准。最好的情况是，团队领导者成为团队教练的发起人和同盟，这也体现了团队领导者的领导力。

这里说到的团队领导者的支持包括组织高层领导者的支持：在前期开展的调研工作中，需要明确组织的高层文化是否支持团队教练。我们也看到过一些例外情况：一些团队成功地挑战了其所在的组织。这些团队干劲十足、积极进取但缺乏耐心，其所在组织的文化是"刚刚好，差不多就行"、"不惹是生非"和"维持现状"。而这些显得"格格不入"的团队从他们不同于组织文化的团队文化中汲取了能量和毅力。然而，当问题是关于适合进行团队教练的最佳候选团队时，答案是：有来自高层的支持的团队具有明显的优势。

意愿、能力和承诺

我们可以非常自信地说，有三个属性可以持续地预测团队教练的有效结果。之所以这么说，是因为这三个属性在个人教练的过程中已经被验证过。这三个属性是：

意愿：拥抱变化并充分参与整个过程。

能力：做出改变。

承诺：坚持实现所承诺的目标。

这三个属性在行为层面不容易被定义或衡量，但它们的存在是团队教练成功的关键。随着越来越多的团队合作经验，教练们越来越能感知到这三个属性。虽然我们认为每个团队都有提高绩效的潜力——毕竟我们的四个指导原则之一是"团队有能力实现卓越的绩效"，但如果团队缺少这三个基本属性中的一个或几个，就不适合进行团队教练。有时团队教练不是合适的干预手段。例如，一个长期陷入冲突的团队可能需要先解决冲突，以稳定团队。在某些情况下，进行团队教练之前可能需要先进行个人教练或关系教练。有时团队面临巨大的时间或项目期限压力，在那些紧急任务完成之前，他们很难有空间和意愿进行团队教练。如果团队是为了完成一个明确的目标，那么团队引导可能更适合这个团队。至于是否进行团队教练，应该在早期的调研阶段进行探讨并决定。

成功的、可持续的教练流程的关键

与最佳候选团队相关的一个问题是，如何确保教练流程启动之后持续保持成功？我们发现如下特质是团队教练持续有效的重要前提。

创建强有力的信任框架

当团队内部及团队与教练之间建立了强有力的信任时，团队教练的成功率肯定会大大提高。正如我们前面提到的，在团队教练刚刚开启之时，未必能立刻建立信任。无论教练流程开始时团队中的信任状态如何，请想象一下团队教练流程被引入之后的情形。这意味着团队可能要走出舒适区，进入陌生的领域，这会让他们感到不舒服或有潜在的风险。如果真正重要的对话很容易开启，并且处于团队的舒适区，那么这些对话早就发生了，也就不需要团队教练了。团队教练带来的不确定性会使团队自动启动自我防御系统，从而限制了信任的建立。

除此以外，在团队教练开展之前，团队可能了解到教练已经分别与团队领导者和人力资源部进行了单独会谈。团队可能对这些私下的会谈保持警惕，甚至怀疑——教练的角色可能已经被"污染"，特别是当团队感觉自己被放在显微镜下研究时。毕竟，团队想知道："公司为什么要雇用团队教练？一定是我们哪里出了问题。"当然，有些团队成员会欢迎这种团队教练机会，尽管他们目前还不了解具体流程。显然，建立信任从一开始就很重要，并且在整个教练过程中都非常重要。

以下是与团队建立信任和良好关系以支持团队发展的关键。

保持透明。为了确保团队成员的开放性，教练首先要成为团队开放的典范。保持透明。敢于指出大家都感受到的却没有人说出来的内容。说实话，真实地表达现状。当你告诉团队"只有当团队开放并坦诚地进行对话时，团队教练过程才能真正成功"时，请同时告诉他们"我知道做到这一点并不容易"。这样团队成员会更加信任你并说出真相。

包容。在团队教练中，要真正地将团队视为一个完整的系统，需要保持中立、好奇和不评判。作为教练，你需要知道，为了对团队有一个整体的、完整的了解，团队中所有的声音都很重要，都需要被听见，包括那些安静的、不受欢迎的或反对的声音。没有人拥有"正确答案"。每个人都是系统的一个部分或一个视角。顺便说一句，这不是为了达成共识，而是对团队中的所有声音表达尊重。拥有不同的见解、观点和行动策略都是正常的。通过关注包容性，团队更有可能积极参与并尊重各种差异，同时更加信赖教练。

愿意重设流程。请记住，最初为团队发展所设计的流程可能在当时是非常适用的。但随着团队在教练过程中的学习，其在几周内学到的洞察力已经不再适合最初设定的教练流程了，需要设计一个更有效的教练方向。愿意在教练过程中做出调整是对团队成功的承诺。可以简单地与团队核实："这是你们需要的吗？这对团队有什么作用？怎样才能让它变得更好？"

增强相关性。最后，进行团队教练的唯一理由是可以输出对团队和组织都很重要的可衡量的结果。因此，我们强烈建议，在团队教练的过程中关注两个部分：团队动力的改变与提升，以及对业务指标的影响。我们基于生产力和积极性两个方面创建了全套的方法论。这两个维度与团队绩效紧密相关。要成为可持续的高绩效团队，需要同时对这两个方面给予足够的重视。

我们也知道，通常团队会更加重视他们所负责的业务指标。与更高效的沟通和信任相比，团队更可能因为达成有挑战性的业务 KPI 而得到认可。这是完全可以理解的。因此，对教练而言，需要增强对团队所选的业务指标的影响来满足团队的 KPI 需求。这一关联性的增强也会对团队的承诺带来好处。

教练虚拟团队

多年来，团队的概念发生了巨大的变化，其中虚拟团队数量的增长最为明显。通信技术的发展使人们可以在全球范围内进行即时通信，这使团队能以十年前根本无法想象的方式进行协作。从组织的角度来看，创建虚拟团队有很多明显的好处。例如，组建虚拟团队可使组织具有更大的灵活性，为团队配置更合适的成员，而不用在意团队成员所处的地理位置；在团队教练过程中，在线进行教练可以节省大量差旅费和团队成员的宝贵时间。

创建虚拟团队是有意义的，同时也带来了巨大的挑战。虚拟团队缺少人与人之间直接的、面对面的连接，并缺少结构化、体系化的会议，这都增加了团队有效协作的难度。在优秀团队模型中，虚拟团队通常可以有效地处理生产力维度的七个因素，如目标与战略、承担责任、一致性等。但是很少有人关注积极性维度的七个因素。团队教练强调生产力和积极性两个维度的平衡。为了获得有效的团队绩效，我们认为虚拟团队与面对面工作的高绩效团队一样需要平衡。

虚拟团队的迅速发展意味着教练与团队合作时，需要越来越多地关注该特殊环境下的挑战。首要挑战之一是技术本身，以及所有常见问题。例如，保证每个人都能平稳地使用相关技术，保证本地互联网的可用性和信号强度，以及需要适应各种设备。好消息是，尽管经常发生令人不安的干扰，但团队成员对这些状况和相关处理方式已经相当熟悉了。坏消息是，这些方式的实践和应用加强了其功能性，却不能创造更强的团队动力。

对虚拟团队而言，由于环境原因，团队规模可能是一个更大的问题。在一次电话会议中召集超过 8 人或 10 人是很麻烦的，并会限制大家参与互动的能力。同样值得注意的是，地理上分散的团队通常意味着它是一个多元文化的团队，这给虚拟团队带来了另一个潜在挑战。此外，由于团队成员遍布全球，仅仅找到一个对所有人都合适的会议时间，都是一个不小的挑战。

尽管存在这些挑战，但仍可采用这种方式开展有效的团队教练，只是需要对团队进行一些特殊的考虑、承诺和培训。这里需要教练认真地转变心态。要将一个用于分享日常信息和做规划的"电话会议"转变为一个"团队教练过程",需要团队有意识地建立信任、连接,并培养跨地域合作的新技能。

假设技术层面是可靠的、稳定的(这个假设并不容易实现),这里有七个关键点可以使用网络在线形式的团队教练更有可能取得成功。

1. 培训团队。团队教练工作坊与标准的员工会议或团队会议非常不同。团队教练的意图和注意力处于一个更高的层面。这要求团队积极临在、保持同频并积极倾听。而在典型的线上会议中,大家往往一心多用,多任务并行。

2. 强调创建有效的教练环境是每个人的责任。实际上,这是一种对团队责任感的锻炼。

3. 创建清晰的团队协议来支持虚拟团队的团队教练过程。询问团队:"怎样才能确保你们宝贵的时间得到了有效的利用?"让团队内在的创造力来揭示他们需要什么,以便积极参与,并感受到他们投入的时间是值得的。

4. 想办法让教练过程更加个性化,而不是简单化。例如,在每次开始教练前花一些时间签到,这个过程可以非常简短。团队成员可以聊聊各自的家庭、兴趣爱好、生活趣闻等,这些话题可以帮助团队成员了解彼此。也可以进行纯粹的业务询问,如"自上次团队教练以来,在支持团队方面,你取得的一个成就是什么?"

5. 在虚拟团队的团队教练中,需要通过活动或练习的形式变化来带动节奏和焦点的变化,团队会因此更加专注并持续参与。长时间的讨论可能会使团队失去动力,因此要寻找打破枯燥谈话的方式,并以不同的方式与团队互动。大多数视频会议系统都包括聊天和民意测验、用于小组讨论或成对交流的休息室、一个可以复制会议室活动挂图的白板等功能。

6. 作为教练,请注意沉默的力量,并记住打破沉默不是教练的责任。人们会很自然地避免"死气沉沉",但这可能导致教练为打破沉默而过度参与,尤其是当教练没有从团队成员的面部表情或肢体语言中找到线索的时候。

7. 定期检查,特别是当教练感觉到团队成员心不在焉的时候。保持透明:团队需要什么?什么能让这次对话更有价值?

组织对虚拟团队的需求越来越大。问题是如何最大化地发挥虚拟团队的潜力。在团队教练活动中，对话内容往往比平常的业务会议更广泛、更深入，同时设置了更加个人化、更投入的互动。因此，团队教练必须设定与日常会议不同的指导原则和团队协议。对团队而言，做好这件事需要时间和练习。对教练而言，要在团队会议开始转入肤浅的对话时，进行干预、提醒和重新指明方向。

与团队领导者一起工作

在团队教练过程中，团队领导者扮演着特殊而又复杂的角色。通常情况下，团队领导者会主动寻找资源来帮助团队。即使最初的建议来自人力资源部或其他内部来源，重点也会放在团队领导者身上。团队教练将首先从团队领导者那里了解团队及团队面临的问题，偶尔也会有人力资源部的参与。

这将是一个双向的学习机会：团队教练了解团队，而团队领导者了解团队教练。这里有一个为团队领导者设定期望并核实假设的机会。许多团队领导者听到"团队教练"一词，脑海中很快就会浮现出体育教练的形象。对组织层面进行团队教练是一个与体育教练相似但又不同的方式。在体育运动中，教练是强有力的权威，为团队制定方向和做决策。而对组织层面的团队教练而言，情况并非如此。团队领导者通常会因为放下或分享决策权而感到轻松。

在团队教练过程中，团队领导者的角色会发生重要的变化。为了使团队教练尽可能有效，重要的一点是，团队领导者以团队成员而不是老板的身份全面参与。团队领导者的职能角色并没有消失，只是重点转移到了团队领导者的个人声音上。这样做的目的是认可每个团队成员的重要角色和贡献，并打造每个声音都至关重要的氛围。

团队领导者并不会因此放弃与职位相关的职责。角色重心的转移只是为了创建安全、公开、坦率的对话平台。团队教练和团队领导者在进行一对一对话时，需要澄清这种转变对团队的重要性。领导者的职务权威会不可避免地对对话带来控制或抑制的影响。教练的目标是尽量减少这种影响，最终促成开放、坦诚和安全的团队对话。团队对话的空间越安全越好。对此，团队领导者需要做出表率。

一个特殊的情况是，团队教练已经对团队领导者进行了个人教练。问题是，该教练还可以作为团队的教练吗？这需要教练本人在考虑各种可能的挑战和困难后，做出自己的选择。

这种情况的好处是，团队教练已经对团队成员和团队问题有了一定的了解。坏处是，在与团队领导者进行保密的教练会谈后，教练很难在面对团队时保持中立。同时对团队领导者和团队进行教练会有潜在的利益冲突："我的主张植根于何处？" 即使是轻微的利益冲突，也会使团队教练的效果受损。团队成员也可能怀疑："他们在一对一的教练对话中谈论了什么？会说到我吗？"

这种尴尬的局面可能导致团队成员失去对团队领导者的信任，并可能导致团队成员对团队教练过程的不信任或阻碍。在教练过程中，教练是客户和被教练者的坚定拥护者。当教练同时教练团队和团队领导者时，教练的内心也会产生混乱："我的最终承诺在哪里？"

同样的问题也会出现在同时教练某个团队成员和整个团队的时候。有些教练会把团队教练和对团队成员或团队领导者的个人教练结合在一起。这需要教练具备非常清晰的界限感、绝对的忠实，以及与团队成员达成明确的保密协议，包括对团队教练的承诺，即绝不透露从其他团队成员那里获得的信息。管理并保持职业操守在这时变得很复杂。

两位教练的价值

根据我们的团队数据库，一个团队平均人数约为 10 人。与标准的培训教室（满额的情况下）相比，10 人团队似乎并不是一个很大的团队。但是，在团队教练的过程中，教练需要及时有效地处理团队对话中即时发生的所有因素，这需要大量的输入。保持投入、控制流程、意识到团队动态流中的内容和潜在信息是非常有挑战性的。

当团队规模达到 12 人或以上时，单独执教的任务非常艰巨，甚至不再是服务团队的最佳方法。因为教练的精力有限，可能无法有效跟踪团队对话中的多个议题，也可能被某个团队成员所说的话分散注意力，或者被某个烦人的团队成员破坏进程，又或者错过了实时捕捉团队当下发生的重要的想法或话题的机会。

因此，在规模较大的团队中，以及当团队的动态比较复杂或富有挑战性时，由两位教练共同教练是非常有价值的。组织已经为该团队投入了大量的时间和金钱，共同教练有助于让教练过程产出最佳结果。

不是说"首先由我独自完成这个部分，然后你独自完成那个部分"，而是两位教练进行共同教练。两位教练都同时积极参与，这是教练的二重奏。这种安排为团队教练提供了四只眼睛和耳朵，以及双倍的意识和经验。当一位教练正在引导某个特定的对话时，另一位教练可以扫描团队，观察团队的反应（同意、不同意、退缩），或者在白板上记录关键点。这不是轮流教练，而是两位教练在达成共识的情况下进行的一个相互分享、相互依赖、无缝衔接的过程。

实际上，两位教练的协作就是团队协作的典范。团队将体验到最好的团队互动。如果这两位教练中有一位暂时迷失、受到困惑或被系统同化了，那么另一位教练可以在不受情绪困扰的情况下继续教练团队，使团队有意义的对话得以继续进行。这是提高团队效能的基本技能的典范，如保持透明、倾听、融合、达成共识、彼此依赖，甚至提出不同的意见。

共同教练是两位教练共舞，随着时间的推移，这种教练方式会变得更高效、更容易和更直观。当两位教练有共同的价值观和一致的工作心态时，这种关系带来的影响最有效。这并不意味着两位教练风格相似。事实上，有对比鲜明或不同风格的两位教练所形成的伙伴关系对团队更有效。例如，一个内向一个外向，一个雷厉风行一个三思而行，一个精力充沛一个安静沉稳。有了这样的宽度，教练就为团队成员的偏好提供了更宽的"带宽"。例如，一个精力充沛的外向型教练在独自教练时可能无法连接团队的某些部分，而加入一个与之互补的教练共同教练，就能够更有效地与整个团队互动。

共同教练最好的范例是两位教练真正地融合在一起，就像一位教练。要想达成如此高的影响力和流畅性，两位教练首先要花时间有意识地建立同盟关系。典型的对话如"你可以依靠我做……经常让我分心的地方是……当这些情况发生时，我需要你的支持……在共同教练中对我最有效的是……在教练过程中，我们相互之间的反馈方式是……"

就给团队带来的影响和加快团队发展的过程而言，两人共同教练带来了 1+1＞2 的效果。

使用个人测评工具

在团队教练过程中使用个人测评工具,可以为团队的系统视图提供有价值的、互补的见解。是的,团队有整体系统视角的体验,同时团队成员有个人视角的体验。两者都是对的。个人测评可以帮助团队成员了解自己的偏好和个人风格,以及个人风格如何影响团队的工作关系。例如,如何制定决策,在出现分歧时人们如何参与或不参与,如何直接反馈,如何处理信息。一个人的"合理"行为对这个人而言是正常的,对其他人而言可能毫无意义。

高绩效团队非常重视这些不同的视角、风格和协作方式,因为"我有盲点。你能看到我看不到的东西。我很高兴我们团队有你"。差异造就了一个更强大、更有能力的团队。

有许多个人测评工具可以帮助团队成员之间更清晰地了解彼此。有些工具提供了广阔的视野,有些工具是为特定的目的而设计的,如为了展现不同的沟通风格、个人如何处理冲突、如何制定决策等而设计的个人测评工具。个人测评可以帮助团队成员理解行为背后的动机,从而提高个人对自己的工作和互动方式的意识,并为团队成员提供关于其他人在团队中的工作方式的线索。这种新的意识有助于解释为什么有时两个人一起工作很轻松、很顺利,有时却很艰难。这种新的启示会给团队成员的工作关系带来非常积极的影响。需要注意的是,对某些团队成员而言,这也可能成为他们不愿协作的理由:"好吧,我就是这样……请你们习惯吧。"

根据测评工具的不同,有时可以将所有团队成员的个人测评放在一张图上。这样可以帮助团队成员看到每个人所处的不同位置、权重及优势。需要记住的是,图上的内容都是个人测评结果,显示了团队成员之间的关系。这不是团队画像,而是团队成员个人画像的拼图,这是静态图,不是用来衡量团队动态绩效的方法。在六个月的团队教练过程中,个人风格可能变化不大,尽管提高觉察力可以帮助团队成员更有效地沟通和协作。相比之下,一个系统的团队测评可以提供团队的现状图,并能提供一个方法来衡量一段时间内团队的动态进展。

培育利益相关者关系网络

到目前为止，我们的焦点一直或多或少地停留在团队上。但是，团队存在于团队和利益相关者之间的关系网络中。对组织而言，团队绩效的提高不仅需要靠团队自身的努力，与利益相关者之间的关系改进也非常重要。那些有助于团队发展的新认知和新行为，同样适合用来建立更牢固的利益相关者关系。

团队存在于一个关系网络中，如果只关注自己、目光短浅，团队是无法有效发挥其职能的。这些上下级汇报关系和客户关系是实时网络中的关键信息，可以帮助团队脱颖而出，但前提是团队必须有意识地关注利益相关者关系。反馈回路是真实状况的反映，是团队最好的现实检验方式。

团队有时会说："是的，好主意，但是谁有时间这样做？"但事实是，良好的利益相关者关系——无论垂直关系还是水平关系——可以促使流程运行得更顺畅，在潜在问题达到令人担忧的程度之前发现它们，并提高解决问题的质量，为迎接那些肯定会发生的挑战做好准备。

如何培养更有效的利益相关者关系本身就是一个重要的话题。探索该话题的一个方法是将团队教练中帮助团队关系成长的有效方法复制到与利益相关者的关系中。例如，在团队与利益相关者之间有意识地建立同盟，相互表达各自的假设和期望，澄清角色，寻找提高沟通效率的模式和方法。团队成员学到的更有效的团队行为也可以应用在各团队之间。

系统中的系统

就像团队在利益相关者关系网络中是一个子系统一样，团队也是组织这个大系统中的一个子系统。组织文化（包括组织的价值观、独特的身份或品牌意识、愿景和使命、从细节到基本的人际行为规则）是相对不变的、不可回避的、看不见的场域。没有一个团队是一座孤岛，它一定是更大系统的一部分，包括组织的文化规范。把团队想象成一个城市，这个城市位于某个省，这个省又位于某个国家。这个城市有官方语言和当地方言，有一套约定俗成的婚配仪式，以及一个被人们视为真理的宗教信仰。

宏观系统会产生巨大的影响，以至于当团队需要做出可能与组织文化期望不相符的改变时，团队会感到很无力。想象一下，如果团队中只有一个人在呼吁变革，那会是什么样子？这个人会显得非常突兀而不受欢迎。拓展到更大的层面也是同样的情况，如果团队采取的新方法不符合组织中"这里的做事方式"，那么团队就有被边缘化的风险。在一个文化世界里保持与众不同是一个挑战。

很显然，当来自组织高层的支持变得很明确时，单个团队的成功概率会显著提高。不仅对团队是这样，对整个组织也是这样。当我们清楚地认识到高层支持的价值，并将其变成一种日常现象时，它就成了组织的最佳实践，以及对可持续发展战略的承诺。

适合团队教练的练习

- 哪些迹象表明团队具有强烈的紧迫感？
- 你会在团队中寻找什么来确认他们的意愿、能力和承诺？什么会让你保持警惕？
- 在虚拟团队环境中，你将如何处理强烈的分歧或冲突？
- 除了明显的便捷性和效率，你认为虚拟团队教练还有什么优势？

适合团队领导者的练习

- 你领导的团队的紧迫感来自哪里？
- 你将如何评估你的团队对团队发展的意愿、能力和承诺？
- 作为团队领导者，你将在团队教练过程中扮演独特的角色。你的职能角色与你的团队成员角色之间可能存在一定的矛盾。有什么方法可以帮助你应对这一问题？
- 当前，你在团队与利益相关者的关系中看到了哪些需要多加关注且能从中受益的机会？团队在这方面可以做出什么贡献？

第12章
团队教练的价值

世界卫生组织把与工作相关的压力称为"全球流行病"。组织中的每个层级都像一个压力锅。这不是某个行业或特定区域的问题,而是一个有据可查的全球性问题。相关统计数据令人震惊。根据美国卫生与公共服务部的数据,超过40%的受调查员工表示,在工作中,大吼大叫和其他形式的口头辱骂是常见的现象。"桌愤"和"电话发飙"越来越普遍。将近2/3的员工在结束一天的工作时会感到身体上的疼痛。虽然当前全球经济不断发展,工作压力却变得越来越严重。

在美国,仅仅因旷工、人员流失、生产力下降、医疗、法律和保险费而产生的业务层面的成本就有大约3 000亿美元。除此之外,还有人力成本,这实际上属于人际关系问题。少花钱多办事是企业降本增效的要求,由此产生的压力就像病毒一样四处传播,甚至会感染对我们最重要的人——家人、朋友等。

然而,事情不一定非得这样。工作场所的压力问题是众所周知的,因为这是人们的普遍经验。统计数据可以对其进行量化,然而工作中的日常体验才是最令人信服的证据。当团队或组织认识到这个问题及其影响之后,他们自然会问:"那么,我们对此该怎么办呢?"

我们相信,由合格的教练带领的团队教练干预过程是解决该问题的理想手段。这是改变团队成员及其组织生命的一种方式。这项工作很有价值。它为团队成员之间的日常互动关系所产生的压力直接提供杠杆作用。有效的改进和持续的结果需要采纳和整合新的行为,也需要不断地实践,我们的数据表明这是可行的。人们可以学习在一个健康的环境中工作,在这种环境下,人们珍视多样性,在使命和目标上保持一致,开展有效的协作,氛围中充满了信任和尊重。

团队教练在这场转变中发挥着重要的作用。教练有机会以一种有意义的方式与那些可能从未寻求过教练或从未看到过"个人发展需要"的人进行互动。这些人可能从未想过走进书店买一本教练辅导书，但是他们每天都受到糟糕的工作环境的影响，并为此付出了很大的代价。很多时候，这种影响还会扩散到他们的家庭生活中。

团队教练的价值可以用许多令人信服且定量的方式来诠释。在我们看来，这项工作带来的人性和关系的改变是显而易见的。

我们相信人类是天生的群居者。数百万年来的狩猎、聚会和社区建设，都证明了人类需要互相依赖。在工作中也是如此。团队成员拥有所有人类的渴望：有归属感，在一起做有意义的事，在结束一天的工作时他们可以说"今天我做出了贡献"，并且有人注意到了他们的贡献。如果教练能够在与团队的合作中创造出这些特质，团队就实现了卓越。

这个世界需要人们学习如何齐心协力，以及学习如何在意见完全不同的情况下仍能找到达成共识的方法，并富有成效，甚至充满活力。我们在本书开始时强调的最佳团队经验是可以实现的目标。想象一下，每天上班，你都将融入一种充满力量的团队文化，加入一个能够取得成果并相互支持的团队。

团队就是训练这些特质的最佳地方，学习和实践的机会就存在于人们每天所从事的工作之中。团队教练是一个理想的起点，因为团队的规模很适合进行团队教练，相互协作的内在价值显而易见，而且人们有机会实践新的行为并看到显著的成果。事实上，我们认为这就是教练的使命：改善人们"工作生命"的质量。

附录 A
TCI 团队诊断™测评工具

TCI 团队诊断™测评工具总览

TCI 团队诊断™最初是由 TCI 的联合创始人阿丽克西斯·菲利普斯创建的一种测评工具。其所基于的模型是我们花费了几年的时间，调研了高绩效团队和高效协作方面的文献资料之后创建的。其最终目标是创建有效的工具，并通过有效的过程来帮助团队和团队教练，支持团队在一个可持续的、积极参与的团队文化中取得更好的业务结果。

团队教练模型

在收集了一个长长的团队绩效属性列表之后，菲利普斯发现这个列表里的内容可以分为两类：团队完成工作所需的能力——生产力维度；团队成员为实现团队目标而共同协作所需的能力——积极性维度。

生产力维度包括以下七个团队能力：
- 团队领导力。
- 资源。
- 决策力。
- 积极变革。
- 责任承担。
- 目标与战略。
- 一致性。

积极性维度包括以下七个团队能力：

- 信任。
- 尊重。
- 同事情谊。
- 有效沟通。
- 建设性互动。
- 价值多元。
- 乐观。

TCI 团队诊断™测评工具的使用方式

这是一种基于系统的测评工具，使用了 9 分制的李克特量表和 80 个标准问题，供团队成员打分，范围从"与团队状况完全不符"到"与团队状况完全相符"。测评中的所有项目都是从团队的角度出发的。例如，"我们的团队有明确的目标"，或者"在我们的团队中，我们倾向于避免冲突"。

该测评以在线方式完成，以确保团队成员的匿名性。除了标准的 80 个问题，教练还可以添加 3～5 个用于调查的开放式问题，供团队成员书面作答。

团队成员完成测评后，数据将被汇总并下载到教练报告中。该报告包含五个层次，每层都显示了具体的细节。

此外，TCI 团队诊断™测评工具目前有 20 多个语言版本。对跨国团队而言，团队成员可以选择自己习惯的语言，报告也可以以其选用的语言发布。这些语言包括：

- 阿拉伯法语
- 汉语
- 丹麦语
- 荷兰语
- 英语（美国）
- 英语（英国）
- 芬兰语
- 法语（加拿大）
- 法语（欧盟）
- 德语
- 希腊语
- 希伯来语
- 意大利语
- 日语
- 挪威语
- 波兰语
- 葡萄牙语（巴西）
- 葡萄牙语（葡萄牙）
- 俄语
- 西班牙语（欧盟）
- 西班牙语（拉丁美洲）
- 瑞典语
- 土耳其语

TCI 团队诊断™测评工具中包含的数据

以下展示了 TCI 团队诊断™测评工具 2008—2017 年对 3 307 个团队的测评结果分析。

14 个因素的得分排名

我们汇总了所有的团队测评结果，14 个因素从最高分到最低分的排名如图 A-1 所示。

维度	因素	得分
生产力维度	尊重	6.66
积极性维度	同事情谊	6.47
	一致性	6.35
	价值多元	6.35
	积极变革	6.33
	团队领导力	6.33
	乐观	6.27
	责任承担	6.22
	目标与战略	6.21
	信任	6.07
	资源	6.05
	有效沟通	6.02
	决策力	5.93
	建设性互动	5.75

1 = 与团队状况完全不符　　9 = 与团队状况完全相符

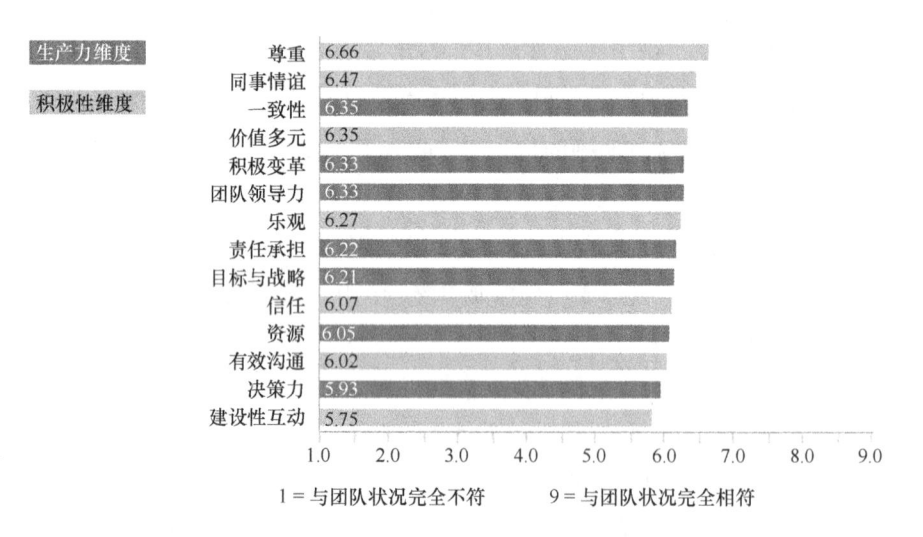

图 A-1　在所有团队中的 14 个因素从最高分到最低分的排名

资料来源：TCI 团队诊断™数据库。

在我们测评的所有"双高"团队中，14 个因素从最高分到最低分的排名如图 A-2 所示。

在我们测评的所有"双低"团队中，14 个因素从最高分到最低分的排名如图 A-3 所示。

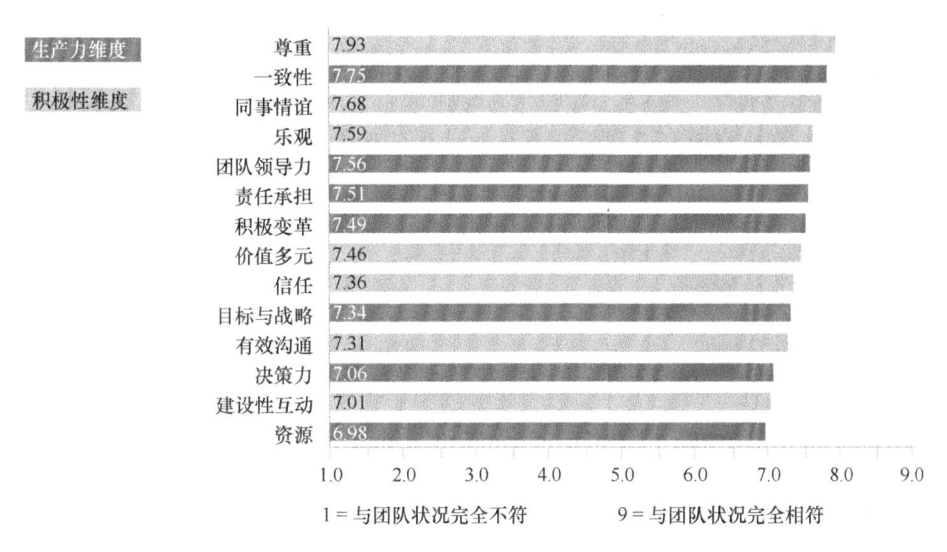

图 A-2　在所有"双高"团队中的14个因素从最高分到最低分的排名

生产力维度
积极性维度

因素	分数
尊重	7.93
一致性	7.75
同事情谊	7.68
乐观	7.59
团队领导力	7.56
责任承担	7.51
积极变革	7.49
价值多元	7.46
信任	7.36
目标与战略	7.34
有效沟通	7.31
决策力	7.06
建设性互动	7.01
资源	6.98

1 = 与团队状况完全不符　　9 = 与团队状况完全相符

资料来源：TCI 团队诊断™数据库。

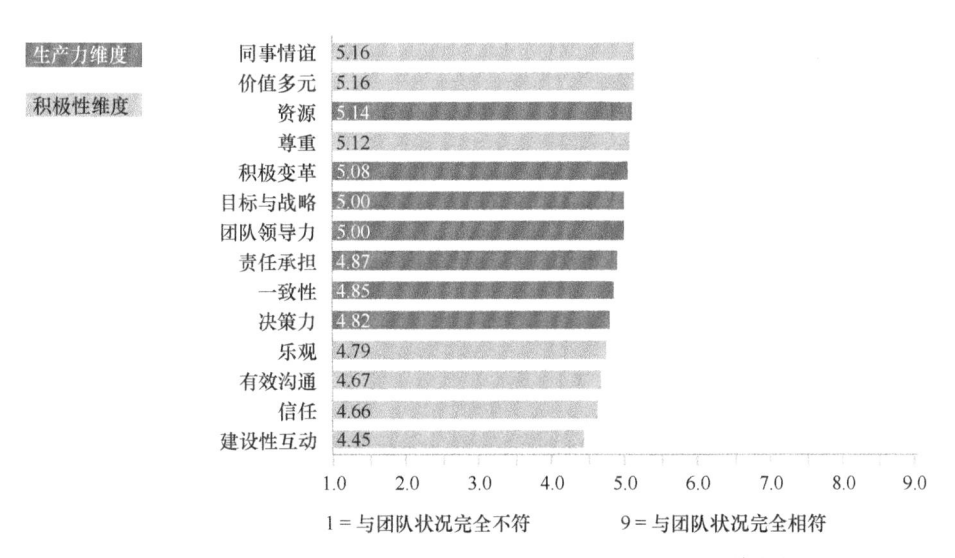

图 A-3　在所有"双低"团队中的14个因素从最高到最低分的排名

生产力维度
积极性维度

因素	分数
同事情谊	5.16
价值多元	5.16
资源	5.14
尊重	5.12
积极变革	5.08
目标与战略	5.00
团队领导力	5.00
责任承担	4.87
一致性	4.85
决策力	4.82
乐观	4.79
有效沟通	4.67
信任	4.66
建设性互动	4.45

1 = 与团队状况完全不符　　9 = 与团队状况完全相符

资料来源：TCI 团队诊断™数据库。

这三个图之间存在一些共同点。例如，建设性互动的排名不是最后就是倒数第二，而团队领导力的排名往往处在中间。也有一些明显的例外情况。在所有的团队中，乐观的排名基本处在中间，在"双高"团队中排名第四，而在"双低"团队中排名第十一。正如我们的预期，数据还表明，高绩效团队在每个因素上都比其他团队做得更好。

从生产力和积极性两个维度观察这 14 个因素的排名也很有指导意义，如图 A-4 和图 A-5 所示。从这个角度看，三种团队之间的差异更加明显。

"双高"团队
平均
"双低"团队

生产力维度"双高"团队：
- 一致性 7.75
- 团队领导力 7.56
- 责任承担 7.51
- 积极变革 7.49
- 目标与战略 7.34
- 决策力 7.06
- 资源 6.98

平均：
- 一致性 6.35
- 积极变革 6.33
- 团队领导力 6.33
- 责任承担 6.22
- 目标与战略 6.21
- 资源 6.05
- 决策力 5.93

"双低"团队：
- 资源 5.14
- 积极变革 5.08
- 目标与战略 5.00
- 团队领导力 5.00
- 责任承担 4.87
- 一致性 4.85
- 决策力 4.82

1 = 与团队状况完全不符　　9 = 与团队状况完全相符

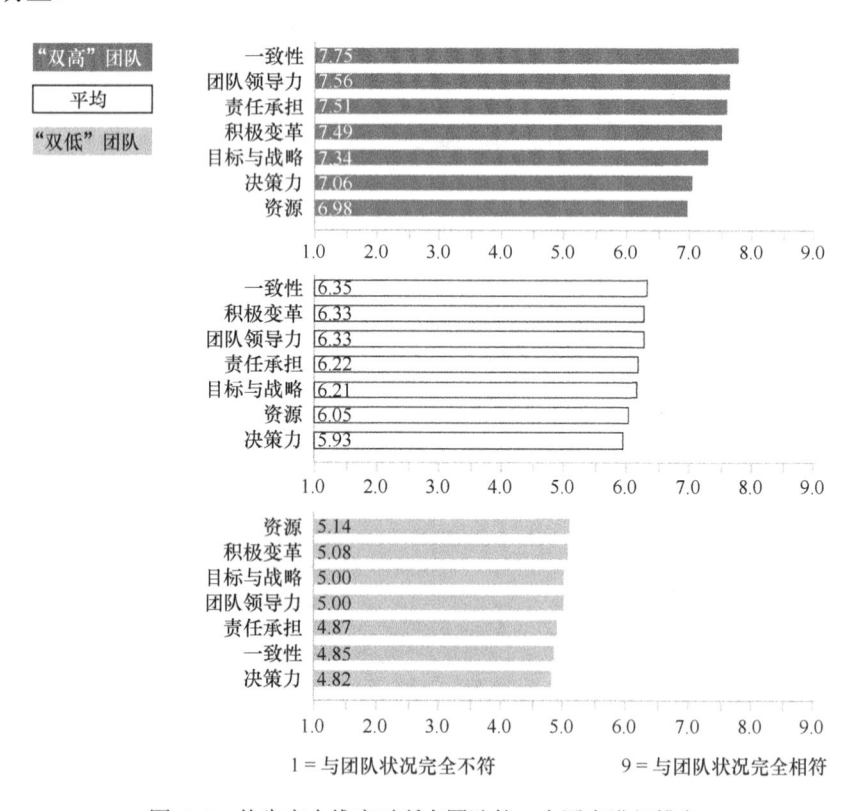

图 A-4　从生产力维度对所有团队的 7 个因素进行排名

资料来源：TCI 团队诊断™数据库。

与其他团队相比，高绩效团队在某些领域尤其擅长。"双高"和"双低"团队之间的差距为我们提供了观察这种对比的方法，如图 A-6 所示。图中显示了最佳团队在哪些方面做得特别好。请注意，前五个因素中有四个是积极性因素。优秀的团队创建了一个协作的文化。

附录 A　TCI 团队诊断™测评工具　**179**

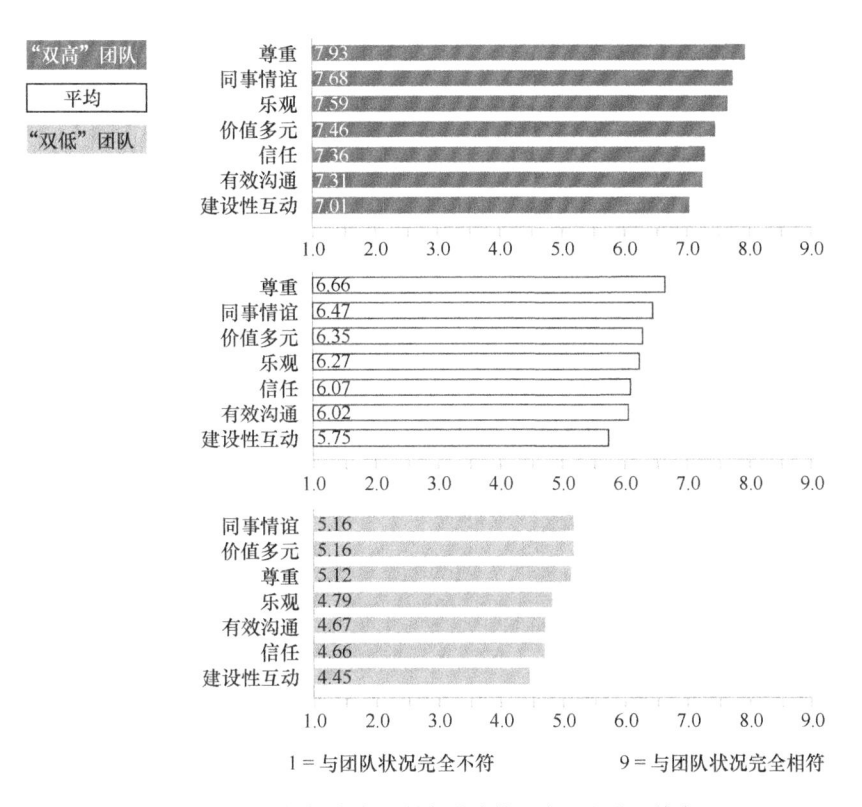

"双高"团队
平均
"双低"团队

因素	得分
尊重	7.93
同事情谊	7.68
乐观	7.59
价值多元	7.46
信任	7.36
有效沟通	7.31
建设性互动	7.01

因素	得分
尊重	6.66
同事情谊	6.47
价值多元	6.35
乐观	6.27
信任	6.07
有效沟通	6.02
建设性互动	5.75

因素	得分
同事情谊	5.16
价值多元	5.16
尊重	5.12
乐观	4.79
有效沟通	4.67
信任	4.66
建设性互动	4.45

1 = 与团队状况完全不符　　　9 = 与团队状况完全相符

图 A-5　从积极性维度对所有团队的 7 个因素进行排名

资料来源：TCI 团队诊断™数据库。

生产力维度
积极性维度

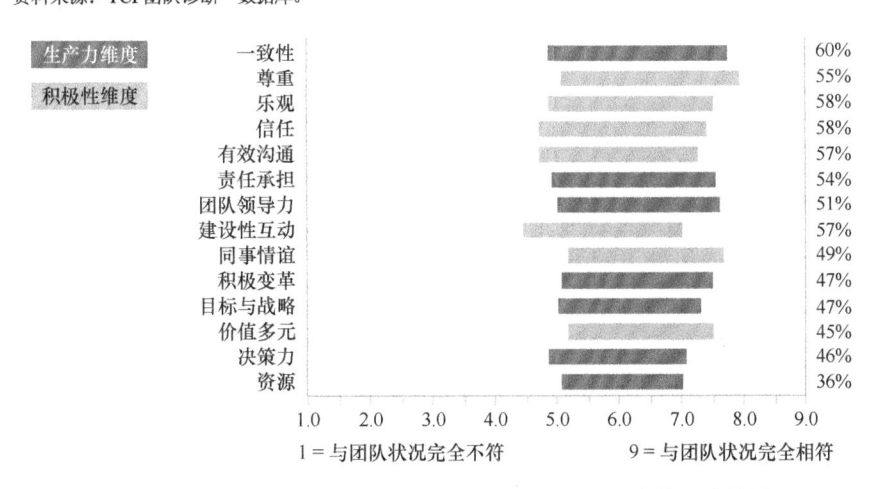

因素	百分比
一致性	60%
尊重	55%
乐观	58%
信任	58%
有效沟通	57%
责任承担	54%
团队领导力	51%
建设性互动	57%
同事情谊	49%
积极变革	47%
目标与战略	47%
价值多元	45%
决策力	46%
资源	36%

1 = 与团队状况完全不符　　　9 = 与团队状况完全相符

图 A-6　"双高"团队和"双低"团队在 14 个因素上的得分差异

资料来源：TCI 团队诊断™数据库。

如何使用 TCI 团队诊断™数据库

团队成员通常很想知道他们与其他团队相比处于什么位置。TCI 团队诊断™测评是一种自我评估，因此，从技术上讲，这种对比并不是以常模数据为依据的。然而，来自数千个团队的测评结果为这种对比提供了一个相对合理且稳定的基准线，满足了团队的好奇心。作为团队教练，你要记住并提醒团队，比起该测评报告的数据得分及与其他团队做比较，更重要的是，该报告提供了一个帮助揭示团队特质的独特机会。可能有 1 000 个团队会给"信任"或"决策力"这两个因素打 4.5 分，但每个团队都有不同的理由来解释这个分数。

是的，我们可以简单地回顾 3 000 多个团队的测评数据，并选择得分较低的几个因素，为团队制订发展计划。但是，就教练方法论而言，我们不建议过于依赖这些数据。只有当团队改进议程是基于团队进行了深入的对话，并能反映出独特的团队行为变化时，它才是最有效的。

要了解 TCI 团队诊断™数据库的更多信息（包括团队教练前测和后测的结果），请访问 teamcoachinginternational.com/data。

附录 B
团队教练工具包

以下团队练习集合了基于 TCI 团队模型的工具包，供教练和团队使用。这些练习都可以从网上下载：teamcoachinginternational.com/toolkit/。

使用该工具包的目的是为团队创造一种学习体验，这种学习体验会自然地促发团队进行对话，从而收获团队对该主题的见解，特别是关于该主题此刻如何应用于该团队的见解。在各项练习中不仅提供了相关描述和引导说明，还提供了教练与团队进行复盘时可以使用的问题示例。

四象限活动

这是一个互动练习，可以使团队成员熟悉四象限矩阵和两个基本维度，即生产力维度和积极性维度。团队成员将体验每个象限中的不同文化及其潜在的行为表现。

生产力游戏

在七张卡片上分别描述七个生产力因素。将这些卡片分发给团队成员。团队成员要热情地诠释他们收到的那张卡片，为其代言。

积极性大转盘

团队成员仔细回顾并体验七个积极性因素中每个因素的重要性。在练习结束时，每位团队成员选择一个自己最想在团队中改善的因素。

团队使命

这个练习回答了这样一个问题："我们为什么在这里？" 在组织中，每个团队都有其独特的使命，而且只有这个团队才能完成这个使命。该练习旨在帮助团队澄清他们独特的团队使命，并达成共识。该练习大约需要持续 30 分钟。

日益枯竭的资源

团队都面临少花钱多办事的巨大压力。这个练习可使团队联想到他们所面临的压力、由此引发的行为，以及可重复的团队成功的关键（它们几乎总是被忽略）。

个人故事和自我介绍

随着时间的推移，团队建立信任的一种方式是通过一个简单的流程来从个人层面了解彼此。这个练习为团队提供了一种听故事的结构，这个结构有助于建立一个安全的讲故事的环境。

最佳团队

这是我们从大卫·库珀里德（David Cooperrider）的研究——"欣赏式探询"——中学到的一个练习。让团队成员回忆他们曾经加入过的一个非常优秀的团队，并寻找使这些优秀的团队有别于其他团队的特质。

更多关于"欣赏式探询"的信息，请访问：https://www.centerforappreciativeinquiry.net/more-on-ai/what-is-appreciative-inquiry-ai/。

分布排列画廊

团队中经常出现挫败感是因为缺乏明确的角色和职责。这个多元化和一致性的练习活动可以有力地帮助团队形象地描绘出项目或流程中的角色和责任。

最具争议与最有共识

这个练习通过使用教练报告中的团队测评结果来探索团队成员在哪些方面的体验差异最大，以及在哪些方面的体验最一致。

团队毒药活动

研究表明，随着时间的推移，有四种沟通方式对工作关系有害。这个活动可以提升团队对这四种有"毒"的沟通方式的认识，并为团队提供一种方法来解决它们所产生的影响。该活动还介绍了这四种有"毒"沟通方式的"解药"。

附录 C
TCI 四种综合测评工具

针对团队、团队领导者和组织，我们提供了四种测评工具。这四套测评工具都基于相同的 TCI 团队效用模型。每种测评工具都对标准的 80 个评分项目进行了修改，以换成不同视角下的语言。教练报告中的一些图表在四种测评工具中都是通用的，这使四种测评工具之间的对比变得更加容易。例如，比较团队领导者对团队的看法与整个团队对团队自身的看法有何不同，这使团队和教练能够随着时间的推移来衡量团队的进展情况。以下是对这四种测评工具的简单说明。有关这四种测评工具的更多信息，请访问 https://teamcoachinginternational.com/programs/。

TCI 团队诊断™测评（简称 TDA）

该测评工具的第一次使用是在 2004 年。

如今，该测评工具已有 20 多个语言版本，并已在全球数以千计的团队中应用。测评中的所有项目都是从团队的角度出发的，如"我们的团队有很高的责任感和执行力"。该测评形成的报告就是团队的画像，可以由此引发团队自身的对话，并为团队的发展制订行动计划。在 TCI 团队诊断™测评中，每个声音都很重要，而且每个声音都是平等的。这种基于系统的方法关注的是团队而不是团队中的个体关系。

团队 360 视角™测评（简称 T360）

该测评工具显示的是定期与团队互动的利益相关者对目标团队的

坦率看法。

由团队来决定邀请谁提供反馈。邀请名单中可能包括团队的直接下属、其汇报的上级团队或董事会，以及内部或外部客户。该测评报告为团队提供了新的视角与看法。此外，邀请利益相关者和收集反馈的过程自然就开启了团队与利益相关者的对话。我们发现这个过程会让团队与利益相关者建立更牢固、更有效的关系。测评的所有项目都是从旁观者的角度出发的，如"这个团队（我正在评估的团队）在决策过程中寻求充分的信息输入"。

组织视角™测评（简称 ORG）

该测评工具将组织视为一个整体或一个重要样本。

组织视角™测评通常与大规模的项目计划结合起来使用，如变革管理项目。组织视角™测评可以为帮助高层管理者了解组织中普遍存在的状况和看法提供反馈。对反馈数据可以进行纵向切割（如"销售区域"），也可以进行横向切割（如"所有项目经理"）。组织里的人都是听从上级的指示来做事的，因此组织视角™测评的结果也可反映出高管团队的价值观和优先级。

团队领导者视角™测评（简称 TLV）

该测评工具显示的是团队领导者对其所带领的团队的看法。

在团队领导者视角™测评中，我们对测评项目进行了修改，这样团队领导者就可以通过个人视角来评估团队了。该测评工具通常用于一对一的高管和领导力教练项目。它为团队领导者提供了一套语言，帮助其评估团队的优势和有待发展的领域。团队教练经常使用团队领导者视角™测评向团队领导者介绍团队效用模型、测评过程和方法。为团队领导者单独解读测评结果可以促进教练与团队领导者之间建立关系与信任，也可以激发团队领导者对整个团队的诊断测评结果的兴趣。

以上四种测评工具输出的报告所使用的图的格式都是相似的，因此可

186 Teams Unleashed

以对任意两种测评结果中的图进行重叠对比。如图 C-1 所示为团队领导者视角™测评和 TCI 团队诊断™测评中的极坐标图对比。

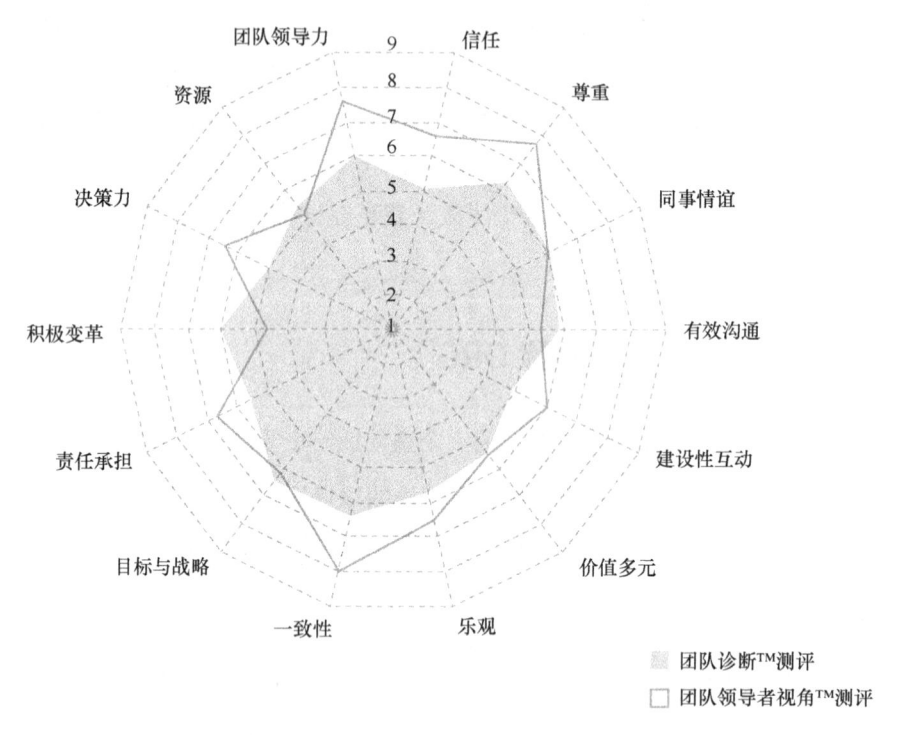

图 C-1 团队领导者视角™测评和 TCI 团队诊断™测评中的极坐标图对比

关于作者

菲利普·桑达尔
首席教练官

菲利普先生是 TCI 的联合创始人，是国际公认的顾问、教练、培训师和作家。他曾与北美、欧洲和亚洲的许多团队合作，从事国际教练培训 20 多年。菲利普先生曾是全球最大的教练培训机构之一——共创培训学院的高级教师。作为 TCI 的课程设计师和首席培训师，菲利普先生已经培训了来自 50 个国家和地区的 1 500 多名团队教练。他曾在欧洲、斯堪的纳维亚、加拿大、美国和澳大利亚的国际教练和人力资源大会上发表演讲。菲利普先生还是《共创式教练》（*Co-Active Coaching*）一书的合著者，这本书被视为个人教练领域的权威之作，现已更新到第 4 版，并被翻译成 10 种语言。

阿丽克西斯·菲利普斯
首席教练技术官

作为 TCI 的联合创始人，阿丽克西斯是 TCI 团队诊断™模型和基于该模型设计的四套测评工具的架构师。她致力于发展高效及高度参与的团队，这一愿景是她从事这项工作的动力。她看到了为实现生产力和积极性因素的平衡而进行变革的必要性，并识别出在这两个维度下团队的关键成功因素。她认为有必要使用一种一致的方法来将可测量的数据转换为团队的对话、行动和学习。作为团队教练，她曾与 IT、制造、制药、金融服务等行业的领导团队合作。阿丽克西斯是团队教练领域的一位充满激情的先驱，她为团队的可持续发展提供了可靠且可衡量的工具。

关于本书译者和审校者

本书由 Talent Insight 苏州工业园区启仕企业管理服务有限公司（以下简称 TI 启仕咨询）团队翻译和审校。TI 启仕咨询成立于 2011 年，在苏州和上海设有分支机构。

TI 启仕咨询相信每个人、每个团队、每个组织都有无限潜能，都值得拥有更好的关系，都可以由内而外地绽放自身的能力。TI 启仕咨询以**为提高个人和团队的生命质量而贡献社会**为使命，专注于专业教练、组织与人才发展和领导力发展三大领域，秉承专业、创新及价值的服务理念，赋能于人。

作为 TCI 国际团队教练学院在中国的唯一合作伙伴，TI 启仕咨询自 2012 年起致力于推行团队教练技术在组织变革、企业兼并、团队融合、文化落地等项目中的运用，并整合全球资源，为跨国公司、国有及私营企业提供量身定做的本地化服务，以一种创新的方式帮助企业打造高积极性、高生产力的"双高"团队，从而为企业带来高效、可持续、根本性的业绩改善。自 2013 年起，TI 启仕咨询协助 TCI 在中国提供 **CTPC™ 团队教练认证项目**，以助力培养国际水准的专业团队教练。

TI 启仕咨询已成为中国团队教练的标杆品牌，因在团队教练技术的实践运用和专业团队教练培养中有特别的贡献，所以在 HREC 中国学习与发展供应商价值大奖评选中连续三年（2019—2021）荣获"中国教练服务机构 5 强"称号。

欲了解更多相关信息，可关注以下信息。

微信公众号：TI_China （TI 启仕咨询）

TI 启仕咨询（上海）

电话：021-3468 8309
地址：上海市浦东新区栖霞路16号富汇大厦C座5楼

TI 启仕咨询（苏州）
电话：0512-8766 1778
地址：苏州工业园区时代广场24栋A座国寿金融中心3楼

与本书相关的 CTPC™ 团队教练认证项目
——助力个人成为 ICF 认可的国际水准的专业团队教练

Team Coaching INTERNATIONAL

团队教练认证项目
Certified Team Performance Coach
（中文/英文）

掌握测评工具
（在线学习与辅导）

3天	1天	1天
团队教练研修班	团队教练实战	复盘与深化

进阶课程
（在线学习+6次由TCI导师带领小组辅导）

- TCI导师一对一辅导
- 70小时实践练习
- 团队教练实践报告

- 终身免费使用TLV 团队领导者视角™测评
- 一次含有8个免费名额的 TDA团队诊断™测评

加入TCI国际团队教练学院CTPC™学习社群

完成以上全部学习与实践，将获得 CTPC™团队教练认证，并可获得 73.5 小时的 ICF CCEU。

相关认证的详细介绍

掌握测评工具（在线学习+小组辅导）

- 了解 TCI 团队诊断™模型、综合测评工具；
- 熟悉团队诊断工具的使用；
- 掌握测评报告解读。

团队教练研修班（3 天核心课程与练习）

- 掌握 TCI 团队教练模型和系统工作方法；
- 能够自如地运用 TDA 团队诊断™测评；
- 学习团队教练四大指导原则和五大核心能力；
- 导师带领体验、示范、演练与反馈；
- 24 项团队教练技巧和 16 项觉察技巧。

团队教练实践（1 天实战与督导）

- 真实体验团队教练工作坊（实战）；
- 导师现场督导。

复盘与深化（实战后，1 天）

- 针对实战的 360 度点评和深度复盘；
- 跟进教练深化和探索；
- 团队教练导师实践经验分享。

团队教练进阶课程（在线学习+小组辅导）

- 在线进阶学习，共 8 课；

- 6 次由 TCI 导师带领的在线小组辅导；
- 聚焦项目实践与练习。

TCI 导师一对一辅导

- 至少接受 1 小时的 TCI 导师一对一辅导；
- 辅导主题包括但不限于团队教练工作坊设计与实施、跟进或复盘回顾等。

70 小时实践练习

- 至少包含一个完整的 TCI 模式的团队教练项目，并使用 TDA 前后测评；
- 该团队项目人数不少于 7 人；
- TCI 导师一对一辅导小时数可计入实践练习，最多可累计 7 小时。

团队教练实践报告

- 报告主题包括但不限于项目实践或关于某项团队绩效指标的研究等；
- 发表在 TCI 团队教练学院学习社群平台上。